Couponing
Wie man beim Einkaufen richtig Geld spart

**Für alle Couponer und die,
die es noch werden wollen!**

Sandy Wehner

Couponing

Wie man beim Einkaufen richtig Geld spart

Bibliografische Information der Deutschen Nationalbibliothek:
Die Deutsche Nationalbibliothek verzeichnet diese Publikation in der Deutschen Nationalbibliografie; detaillierte bibliografische Daten sind im Internet über http://dnb.dnb.de abrufbar.

Herstellung und Verlag: BoD – Books on Demand, Norderstedt

ISBN: 978-3-8423-1904-2

INHALTSVERZEICHNIS

DANKSAGUNG

An dieser Stelle möchte ich zunächst einmal meiner Mutter danken, dass sie mich überhaupt ermutigt hat, über meine Erfolge zu schreiben. Nachdem sie die Wette verloren hatte und im Laufe des Jahres so begeistert war, fragte sie mich immer wieder, warum ich kein Buch darüber schreiben würde. Dem bin ich jetzt nachgekommen.

Außerdem danke ich meinem Freund, der mich nahezu immer in die Geschäfte begleitet, meine Launen erträgt und mich unterstützt, auch wenn etwas schief geht.

Natürlich danke ich auch an dieser Stelle meinem Kapitalgeber, meinem Vater. Am Anfang sah er nur, dass ich einkaufen wollte und ständig nach Geld gefragt hatte. Als ich ihm die Ersparnisse aber aufzeigte, war er total begeistert. Wir hatten von einigen Dingen, die wir täglich brauchen, einen kleinen Vorrat und wir mussten nicht ständig zu teuren Preisen nachkaufen. Auch er ist mittlerweile im Couponingfieber und fragt mich immer, ob ich einen Coupon für ein bestimmtes Produkt habe oder ob es irgendwo im Angebot ist, bevor er es kauft.

Und vor allem danke ich meiner gesamten Familie, dass sie mich beim Couponing unterstützen und bei allem, was mir sonst noch so in den Sinn kommt.

Danke für eure Unterstützung und dass ihr immer an mich glaubt!

VORWORT

Zunächst einmal möchte ich jedem das „Du" an dieser Stelle anbieten. Ich bin eine junge und moderne Frau. Ich möchte mein erstes Buch so locker und lässig schreiben, wie mir der Schnabel gewachsen ist. Deshalb möchte ich unwahrscheinlich gerne auf die Förmlichkeiten der deutschen Sprache verzichten. Ich bin keineswegs unhöflich und habe sehr gute Manieren, deshalb weise ich auch direkt daraufhin.

Ich habe ein ziemlich stressiges und chaotisches Leben und Geduld ist nicht gerade meine Tugend.

Ich bin momentan noch Studentin für Betriebswirtschaftslehre und nein, es ist nicht einfach und nein, es ist auch nicht trocken. Somit komme ich direkt zu einem weiteren, sehr wichtigen Punkt. Auch wenn ich angehende Akademikerin bin, werde ich dieses Buch nicht als wissenschaftliche Arbeit nutzen. Ich möchte viel mehr die Menschen dazu bewegen, mit Coupons Geld zu sparen und vor allem, die Angst und die Pein nehmen, dass man mit Coupons an einer Kasse steht und eventuell den Verkehr etwas aufhält. Daher schreibe ich dieses Buch einfach und unkompliziert. Es liegt nicht an mangelnder Schreibtechnik meinerseits, es liegt auch nicht daran, dass mir das nötige Vokabular fehlt. Wer eine wissenschaftliche Arbeit zum Thema Couponing in Deutschland und den USA lesen möchte, muss sich bis Ende 2016 gedulden. Allerdings wird die Originalfassung in der englischen Sprache erscheinen. Der eigentliche Grund, warum ich daran dachte ein Buch zu veröffentlichen, entstand eben genau durch Literaturrecherchen für meine Bachelorarbeit. Während ich massenweise Bücher zur Nutzung von Coupons in den USA in allen möglichen Varianten entdeckte, fiel mir auf, dass es für den deutschen Markt keinerlei Literatur für den Endverbraucher gab. Ich war zunächst sehr traurig darüber. Als meine Mutter dann wieder damit anfing, dass ich es doch einfach einmal versuchen solle, habe ich es nun tatsächlich gewagt. Ich saß also am Computer und fing an zu schreiben. Es hat mir unwahrscheinlich viel Spaß gemacht.

Nun noch ein bisschen zu mir. Ich möchte nicht, dass hier jemand denkt, dass ich eine Biographie schreibe. Ich dachte aber, es sei vielleicht ganz interessant zu wissen, was mich dazu bewegte, mit dem Couponing anzufangen und dass es nicht, wie bei vielen aus Geldnot, entstand.

Zum ersten Mal hatte ich mit Coupons als Au Pair in den USA zu tun. Als ich wieder zurück in Deutschland war, fiel mir auf, dass es hier nicht so viele verschiedene Coupons gab. Also schwärmte ich zu Hause vergebens von meinen Ersparnissen auf alle möglichen Dinge. Nach der Lehre fühlte ich mich noch nicht vollends erfüllt und bewarb mich an der Hochschule, an der ich jetzt studiere. Dort lernte ich nicht nur die Liebe meines Lebens kennen, nein, ich lernte auch die Frau kennen, die mich zu dem ganzen Couponing indirekt anspornte. Meine Englisch Professorin. Sie erwähnte Coupons ganz am Rande. Sie erzählte von ihrer Mutter, die in den USA lebt und jeden Freitag die Coupons für ihren Einkauf am nächsten Tag ausschneidet. Sie sagte auch, dass dies in Deutschland nicht möglich wäre. Das gab mir schwer zu denken. Wie kann es sein, dass Deutsche, die bekannt dafür sind zu sparen und effektiv zu Leben, keine Coupons nutzen wollten?

Ich hatte mittlerweile schon öfters mit Coupons bezahlt, weil ich es, wie bereits erwähnt, aus Amerika kannte und mich für jeden gesparten Cent freute – aber ich habe nicht bewusst nach Angeboten geschaut, die mit Coupons kombinierbar sind. Meine Mutter war trotzdem immer skeptisch. Wenn ich ihr von tollen Schnäppchen erzählte und dass wir vielleicht einen kleinen Vorrat von bestimmten Produkten anlegen sollten, erklärte sie mich immer für total durchgeknallt.

Dann kam der Tag, der alles veränderte. Es war der Geburtstag meiner Mutter. Mein Freund zappte durch das Fernsehen. Er blieb auf TLC hängen. *„Couponing Extrem"*. Ich wurde direkt in den Bann der Sendung gezogen. Es hatte mir den ganzen Tag keine Ruhe mehr gelassen. Am nächsten Tag sprach ich das Thema am Frühstückstisch erneut an. Und genau da hatte meine Mutter einen großen Fehler gemacht. Ich bin eigentlich nicht der Typ der wettet und ich halte davon auch nicht besonders viel. Aber dieses eine Mal schlug ich ein. Meine Mutter wettete, dass es in Deutschland keine Coupons gibt und dass man auch nicht in diesem Maß sparen könnte. Zugegeben, momentan durchläuft die Nutzung von Coupons erst eine Revolution in Deutschland. Es gibt sie aber und man kann sie wunderbar einsetzen. Wie das genau funktioniert, erfahrt ihr in diesem Buch.

Ihr erfahrt außerdem ein wenig zur Coupon Geschichte in Deutschland, welche verschiedenen Couponarten es gibt und wie sich die Coupons in Deutschland am Besten einsetzen lassen.

Alle Texte in diesem Buch stammen von mir persönlich und ich bin keinesfalls eine Juristin. Es gibt leider bisher keinerlei Richtlinien, Regularien oder ähnliches über den Gebrauch von Coupons, außer eben dem Kleingedruckten auf den Coupons. Viele Bedingungen kenne ich aus dem Alltag, andere machen einfach Sinn und wieder andere habe ich im Rahmen der Recherche für die Bachelorarbeit kennengelernt.

Ich wünsche euch allen viel Spaß beim lesen, lernen und sparen.

Happy Couponing!

Die Geschichte der Coupons in Deutschland

Woran liegt es, dass man in Deutschland nicht so richtig über die Nutzung von Coupons informiert wurde? Es war schlicht und ergreifend verboten. Bis zum Jahre 2001, als eine Gesetzesänderung dies änderte. Das Rabattgesetz besagte, dass Waren, die in einem sehr guten und eigentlich einwandfreien Zustand waren, nur bis zu maximal 3 Prozent reduziert werden durften. Außerdem war es verboten, Zusatzgeschenke (in einem höheren Wert) beizufügen. *„Buy one get one free"* also *„Nimm 2 zahl 1"* war ebenfalls verboten. Es durfte bis Sommer 2001 nur geringwertige Geschenke dazu gegeben werden, wie beispielsweise Feuerzeuge oder Einkaufswagenchips. Aber das nur als kleine Info am Rande. Im Sommer 2001 war das Rabattgesetz passé und die Ära des Couponing in Deutschland war geboren. Seitdem nimmt die Nutzung und Verwendung von Coupons jährlich weiter zu.

Wie oft stand ich an der Kasse und die Leute fragten mich, wie das möglich sei, woher ich die Coupons hätte? Dabei hängen sie mehr oder weniger neben den Produkten an den Regalen des Geschäftes. Sie sind in sämtlichen Zeitungen oder werden sogar per Post zugeschickt. Das Problem ist, dass viele diese Post nicht richtig durchsehen oder die Coupons einfach nicht wahrnehmen, als Möglichkeit Geld zu sparen.

Zwar ist Deutschland im Vergleich zu anderen Ländern wie den USA noch ein ganz schönes Stück hintendran, aber es wird so langsam.

Falls auch ihr schon von der Sendung „*Couponing Extrem*" gehört habt und auch so einkaufen möchtet, solltet ihr euch auch dessen bewusst sein, dass das eine TV Sendung ist. Auch wenn es realistisch aussehen mag, es ist garantiert an manchen Stellen gestellt oder es wurde nachgeholfen. Auch in den USA wurde vieles verschärft und geändert. Man sollte einfach alles in Maßen tun und nicht direkt in das Extreme übergehen.

Ihr werdet feststellen, wenn ihr gezielt einkaufen geht und Ausschau nach Coupons haltet, dass es auch in Deutschland bereits sehr viele Coupons gibt, mit denen man schon sehr viel Geld sparen kann. Zugegeben, am Anfang hätte ich auch nicht gedacht, dass es so viele verschiedene Coupons gibt. Von Lebensmitteln über Drogerie, bis Babyartikel und Tiernahrung ist wirklich alles dabei. Aber es ist auch mit Vorsicht zu genießen, wo man sich über die Coupons erkundigt oder woher man sich diese besorgt. Damit ihr am Ende des Buches auch sicher und ohne Probleme mit Coupons einkaufen und bezahlen könnt, habe ich im Folgenden das Wichtigste notiert. Zuerst möchte ich euch aber noch erklären, warum es überhaupt Coupons gibt und welchen Zweck sie eigentlich erfüllen sollten.

WARUM GIBT ES COUPONS?

Die Antwort ist ziemlich klar und eindeutig: Es ist alles Marketing. Ein sehr gutes Beispiel: Wir haben so lange ich denken kann die günstigste Küchenrolle gekauft, die es gibt.

Standardpreis seit Jahren um die 1,35 €. Eine bekannte Marken-Küchenrolle liegt bei einem Grundpreis von 2,45 €. Nun gab es aber einen 0,50 € Coupon zum ausprobieren. Jetzt könnte man meinen, dass es ja immer noch viel teurer ist, im Vergleich zur Hausmarke des Discounters. ABER ich wartete ein Angebot ab. Das neue Produkt kam ins Angebot für 1,49 €. Und macht es jetzt klick? Abzüglich des Coupons zahlten wir nur noch 0,99 € für vier Rollen des Markenprodukts. Und soll ich euch was sagen? Dieses Zeugs ist der Hammer. Wir möchten es nicht mehr missen. Die Küchenrolle ist viel weicher und wirklich besser, als die Discountervariante. Also hat das Unternehmen dadurch einen Verlust gemacht, weil wir einen Coupon über 0,50 € ausdrucken konnten? Ich denke nicht. Denn sie haben zumindest in unsrer Familie neue Abnehmer gefunden. Über den Preis lässt sich streiten. Aber vielleicht kommen wieder einmal neue Coupons auf den Markt und dann müssen wir eben einen Vorrat anlegen.

Demnach werden die meisten Coupons eigentlich zum ausprobieren neuer Produkte verteilt, um weitere Kunden zu generieren.

Es gibt aber natürlich auch Coupons, die rein zur Kundenbindung dienen. Deshalb gibt es auch Coupons, die regelmäßig erscheinen und andere eben nicht.

DAS KLEINGEDRUCKTE

Auf was muss man bei der Nutzung von Coupons achten?

Anders als in den USA, wo es wesentlich einfacher ist, weil die Läden Coupons verdoppeln oder sogar verdreifachen, haben wir von Grund aus strengere Regularien für unsere Coupons. Oftmals können in den USA Herstellercoupons mit Marktcoupons kombiniert werden (den genauen Unterschied, erkläre ich in einem späteren Kapitel des Buches). Dies ist in Deutschland nur sehr selten, bis gar nicht möglich. Schuld daran ist das Kleingedruckte. Im Folgenden erkläre ich euch die häufigsten und fiesesten Spaßbremsen. Leider muss auch ganz klar dazu gesagt werden, dass nicht nur die Geschäfte und Hersteller der Produkte diese Klauseln einfach so in die Welt setzen, sondern dass sehr viel Unfug mit gefälschten oder fälschlich eingelösten Coupons betrieben wurde. An dieser Stelle möchte ich ganz klar erwähnen, dass dies Rechtswidrig ist und im schlimmsten Fall vor Gericht landet. Auch beim Couponing gilt die goldene Regel: *„Was du nicht willst, was man dir tu, das füg auch keinem andren zu"*. Stellt euch nur einmal vor, ihr hättet einen Laden und jemand würde mit Falschgeld zahlen. Das wäre nicht gut für euer Geschäft, aber im Prinzip genau das gleiche, wenn man mit gefälschten Coupons den Rabatt haben möchte.

MUSTER–COUPON

Ich habe euch hier einen kleinen Muster–Coupon zusammengestellt. Ich denke, es ist hilfreich für das bessere Verständnis. Ich habe selbst im Studium bemerkt, dass viele mit den Begriffen Barcode, EAN & Co. nichts anfangen können. Daher werde ich die Begrifflichkeiten näher erklären.

Vielen scheint es selbst erklärend zu sein. Aber da ich im folgenden Text auch bestimmte Begriffe mehrmals verwendet habe, möchte ich sie euch vorher gerne erklären.

Ich gehe davon aus, dass manche von euch mit Couponing noch überhaupt nichts zu tun hatten, bzw. noch keinen Coupon eingelöst haben.

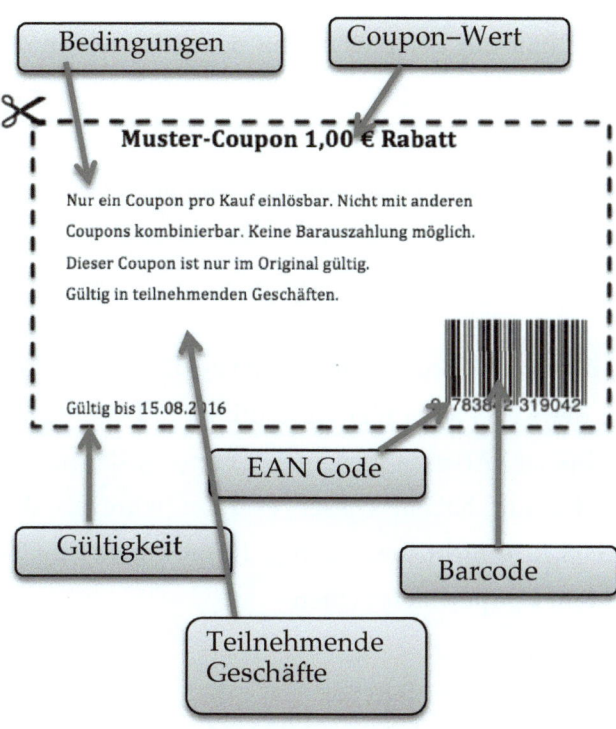

Bedingungen

Coupon–Wert

Muster-Coupon 1,00 € Rabatt

Nur ein Coupon pro Kauf einlösbar. Nicht mit anderen
Coupons kombinierbar. Keine Barauszahlung möglich.
Dieser Coupon ist nur im Original gültig.
Gültig in teilnehmenden Geschäften.

Gültig bis 15.08.2016

EAN Code

Gültigkeit

Barcode

Teilnehmende
Geschäfte

Bedingungen: Die Bedingungen findet ihr meistens auf der Rückseite der Originalcoupons und wird in diesem Buch später in diesem Kapitel erklärt. Ich habe hier nur Beispielhaft ein paar Klauseln in den Muster–Coupon geschrieben.

Coupon–Wert: Der Coupon–Wert gibt die Höhe des Betrages an, welchen ihr mit dem Coupon sparen könnt.

Gültigkeit: Ganz wichtig ist das Gültigkeitsdatum. In der Regel steht hier ein Zeitintervall „gültig von ... bis ...". Aber es gibt auch Coupons, die nur ein Enddatum haben. Dieser Coupon wäre ab dem 16.08.2016 nicht mehr gültig. Darauf solltet ihr bei jedem Coupon stets achten.

Barcode: Der Barcode ist der Schlüssel zur Ersparnis. Jeder Coupon hat einen eigenen Barcode, welcher die Informationen enthält, die auf dem Coupon stehen. Mit dem Scanner wird der Barcode eingelesen und von den Kassensystemen entschlüsselt. Wenn man es veranschaulicht sagen möchte, ist der Barcode der Personalausweis des Coupons.

EAN Code: Dieser Code steht unterhalb des Barcodes und hat eine ähnliche Funktion. Der Unterschied jedoch ist, dass hierfür kein Lesegerät notwendig ist, sondern, dass die Zahlenkombination per Hand in die Kasse eingeben werden kann und der Rabatt im Anschluss abgezogen wird. Viele haben sich sicherlich schon oft gefragt, was die Kassenfee so wild in die Tasten tippt, wenn sie etwas nicht über den Scanner ziehen konnte. Die Antwort: den EAN Code. Die Abkürzung steht für European Article Number. Auch der EAN Code ist wie eine Art Personalausweis für den Coupon.

Teilnehmende Geschäfte: Für gewöhnlich sind hier die Logos der teilnehmenden Geschäfte aufgelistet. Es gibt aber auch Coupons, auf denen diesbezüglich nichts steht. Aber darauf komme ich später im Kapitel „Die verschiedenen Couponarten" unter „Marktcoupons" noch einmal zurück.

VERVIELFÄLTIGUNGEN WERDEN NICHT AKZEPTIERT

Es ist ärgerlich, wenn man einen Coupon unwahrscheinlich gerne hätte, ihn aber nirgends finden kann. In den Geschäften hängen sie nicht, in der Zeitung war nichts und alle Welt (hier meine ich das Internet) berichtet von massigen Einkäufen und mega Schnäppchen. Und dann entdeckt man diesen Coupon als Kopie im Internet. Es verleitet, aber sind es die Konsequenzen wert? Ich denke nicht. Ein fälschlich eingelöster Coupon ist wie die Benutzung von Blüten. Ihr druckt euch auch nicht einfach ein paar Hundert Euro Scheine, weil ihr eben einmal schnell shoppen gehen wollt, oder? Die Kassenfee, die diesen kopierten Coupon annimmt, bekommt unter umständen eins auf den Deckel, das Geschäft kein Geld und der Händler wird auch nicht viel von seinem Marketing haben. Es ist illegal. Selbst wenn es nicht auf einem Coupon steht, es kann unter Umständen bis vor ein Gericht gehen. Und das, um 0,50 € zu sparen? Ich denke, dass viele sich dessen nicht bewusst sind, was sie damit für einen Schaden anrichten können und leider teilweise bereits angerichtet haben. Es gibt Unternehmen die als Antwort auf die Fälschungen eben keine Coupons mehr drucken werden, oder die bereits gedruckten Coupons einfach wieder aus dem Verkehr ziehen.

Es steht aber auch ganz häufig auf den personalisierten Coupons dabei, die man selbst ausdrucken kann. Es geht einfach darum, dass man diesen Coupon nicht mehrfach ausdruckt und einlöst.

Im Prinzip aufbauend auf den ersten Teil mit den Vervielfältigungen. Aber auch das basiert vermutlich darauf, dass viele trotz der Vervielfältigungsklausel nicht davor zurückschreckten, den Coupon dennoch einzulösen. Manchmal steht nicht dabei, nur im Original gültig. Also scheinen viele in den Communities zu denken, dass diese Coupons wahllos kopiert werden können. Es ist schließlich keine Klausel auf dem Coupon die besagt, dass er im Original gültig sein muss. Ich bin da leider etwas zu ehrlich und will nicht schaden. Daher ist das für mich ein absolutes tabu. Ich habe in meinem Drogeriemarkt einen ausgedruckten Coupon hingehalten und die Kassiererin sagte, dass sie diesen nicht mehr annehmen dürften. Als ich ihr dann aber erklärte, dass es keine Kopie, sondern ein Onlinecoupon ist und es mit der Marktleitung geklärt wurde, konnte ich den Coupon einlösen.

Die Situationen haben sich definitiv verschärft, weil es immer wieder Leute gibt, die Coupons online stellen und Kopien benutzen. Also bitte bleibt fair, damit wir alle lange etwas davon haben.

...und nicht erstattet. Im Prinzip ist die Klausel weniger für den Endverbraucher, sprich für die Couponnutzer, sondern mehr für die einzelnen Händler. Das Unternehmen, dass den Coupon anbietet behält sich somit das Recht vor, Fälschungen oder Kopien, die von einem Geschäft angenommen wurden (warum auch immer) nicht zu akzeptieren und somit nicht dafür zu zahlen. Das kann unter Umständen einige Euro kosten, wenn eine solche Klausel auf den Coupons steht und die Coupons gefälscht oder willkürlich kopiert werden.

Dieses Sätzchen ist ganz wichtig für Online-coupons. Leider steht es nicht immer darauf, sodass es manchmal kleine Schwierigkeiten mit solchen ausgedruckten Coupons gibt. Der Hintergrund ist folgender: Es gibt Webseiten, auf denen ihr Coupons selbst ausdrucken dürft. Ganz legal. Ein schönes Beispiel hierfür ist www.couponplatz.de. Dort findet ihr verschiedene Coupons aus unterschiedlichen Bereichen wie Lebensmittel, Kosmetik oder beispielsweise auch Tiernahrung. Die gewünschten Coupons werden selbst aus-gewählt und können direkt im Anschluss ausgedruckt werden. Ich finde diese Seite wirklich klasse und habe schon sehr viele Coupons so aus-gedruckt. Jeder Coupon wird mit einer Serien-nummer versehen. In einem Druckauftrag können bis zu 24 Coupons auf einmal ausgedruckt werden. Bei anderen Webseiten wiederum muss manchmal ein Account angelegt werden, um Coupons aus-drucken zu können. Diese sind dann auch meistens auf eine bestimmte Anzahl begrenzt. Es gibt aber auch Hersteller, bei denen ebenfalls die Coupons direkt ausgewählt und ausgedruckt werden können, ohne dass die Daten hinterlegt werden müssen. Und damit die Kassierer oder die Geschäfte wissen, dass es keine Kopie ist, schreiben einige Unternehmen diese Klausel mit auf den Coupon.

Also eigentlich eine nette Klausel, die dem Endverbraucher die Nutzung etwas erleichtern sollte. Deshalb mein Tipp: Wenn ihr an der Kasse seid und die Kassenfee sich nicht sicher ist, ob es eine Kopie ist oder nicht und ob sie den Coupon annehmen dürfen oder nicht, weißt sie einfach auf diese Klausel hin. In 1 von 10 Fällen hat es bei mir vielleicht nicht geklappt, aber das war wirklich nicht der Regelfall.

In meinem Coupon-Ordner habe ich immer eine Gesamtübersicht aller Onlinecoupons, damit die Mitarbeiter auch sehen können, woher die Coupons stammen. Wenn auch das nicht fruchtet, dann öffnet einfach die entsprechende Seite auf dem Smartphone oder Tablet. Mittlerweile gibt es so viele verschiedene Coupons, dass auch die Mitarbeiter nicht wissen können, ob es ein Original oder eine Fälschung ist. Es sind auch nur Menschen, die ihre Arbeit machen. Das sollte man sich immer vor Augen halten.

Auf den Coupons steht ganz klar, wie lange der Coupon gültig ist. Es gibt zum Beispiel einen Coupon, der regelmäßig wieder neu gedruckt wird und nur das Gültigkeitsdatum abgeändert wird. Da müsst ihr natürlich höllisch aufpassen, dass ihr diesen Coupon dann auch entsorgt, wenn er abgelaufen ist und nur den gültigen Coupon aufbewahrt. Wenn auf dem Coupon steht bis zum 15.08.2016, dann ist dieser Coupon am 16.08.2016 nicht mehr zu gebrauchen.

Manchmal auch als „Nur gültig für auf dem Coupon genanntes Produkt".

Wenn der Coupon für eine bestimmte Duschgel Sorte ist, kann man in den meisten Fällen auch nur diese eine Sorte Duschgel kaufen. Das heißt: Wenn ihr plant ein anderes Duschgel zu kaufen, wird der Scanner dies nicht anerkennen. Warum ich den Unterschied so gut kenne? Es ist mir selbst passiert. Ich habe einen solchen Coupon nicht richtig gelesen und mein Bruder wollte ein bestimmtes Duschgel. Ich stand an der Kasse mit dem falschen Produkt. Es war mir sehr peinlich, aber die Kassiererin war sehr nett und hatte mich die Duschgels umtauschen lassen. Beziehungsweise mein Freund durfte zum Regal hechten, um die richtigen Duschgels zu holen. Kurzum, achtet genau auf die Beschreibung des Artikels auf dem Coupon. Eine weitere kleine Falle sind die Abbildungen. Manchmal sind weitere Produkte im Text aufgezählt und die Produkte sind nicht zwingend auf dem Coupon abgebildet. Es gibt beispielsweise einen Coupon, der für alle Arten von Waschmitteln ist. Egal ob Flüssigwaschmittel,

Pulverwaschmittel und auch egal in welcher Größe. Auf dem Coupon selbst ist aber nur ein Pulverwaschmittel abgebildet. Ich hatte schon oft die Diskussion mit diesem Coupon, dass ich ihn gerne auf ein Flüssigwaschmittel anwenden möchte und fast jedes Mal kam die Anmerkung, dass es nur auf Pulverwaschmittel geht, wie abgebildet. Ich bin auch ein ungeduldiger Mensch, wie ich vorher bereits geschrieben habe. Die Mitarbeiter können es aber auch nicht riechen, dass ich die gleiche Sache wieder und wieder erkläre. Deshalb tief durchatmen und immer freundlich bleiben, dann klappt's auch mit der Kassenfee.

Ebenfalls, wie eben bei „nur gültig auf", ist auch hier darauf zu achten, was noch zusätzlich dabei steht. Es gibt beispielsweise Klauseln die untersagen, die Coupons auf Reise und Probiergrößen anzuwenden, oder es sind nur bestimmte Größen vorgegeben, wie beispielsweise bei Zahnpasta. Es gibt Zahnpastatuben in den unterschiedlichsten Größen. Wenn der Coupon allerdings nur für eine Zahnpastatube mit 75 ml Inhalt ist, kann man meistens diesen Coupon nicht auf eine Tube anwenden, die 10 % mehr Inhalt hat. Natürlich bestätigen auch hier Ausnahmen die Regel. Mir ist es aber auch schon passiert und deshalb weise ich euch daraufhin.

Persönlich habe ich in Deutschland noch nie von einer Coupontauschbörse gehört, gelesen oder Gebrauch gemacht. Diese Klausel ist aber genau für solche Tauschbörsen gedacht. Meistens steht sie eher in diesem kompletten Satz: „Dieser Coupon ist innerhalb eines Haushalts übertragbar, darüber hinaus ist jegliche Weitergabe an Dritte ausgeschlossen". Meine Geschwister/Eltern dürfen mir zum Beispiel Coupons mitbringen. Das besagt der erste Teil dieser Klausel. Jedoch ist es verboten, dass man die Coupons zum Verkauf anbietet oder eben an Dritte weitergibt, die diese dann verkaufen, tauschen oder was auch immer. Wieder eine Klausel, die im Prinzip eins zu eins mit aus den USA hierher kam. Denn dort gibt es diverse Firmen, die eben genau das betreiben: Handel mit Coupons. Auch hier gibt es Schlupflöcher, wie ich aus dem Fernsehen gelernt habe. Firmen bieten somit lediglich an, für ihre Kunden die Coupons aus den Beilagen auszuschneiden und erheben für das Ausschneiden eine Gebühr. Wie gesagt, in Deutschland habe ich das noch nicht gesehen, beziehungsweise interessiert es mich auch nicht sonderlich. Wenn ich einen Coupon sehe, der mich interessiert, freue ich mich und wenn ich ihn gebrauchen kann, dann nehme ich ihn mit. Explizit danach im Internet zu recherchieren ist mir die Sache nicht wert. Man weiß nie, wer dahinter steckt. Ich hatte lediglich bei einem Unternehmen einmal angerufen und nachgefragt, warum ich einen bestimmten Coupon noch nicht entdeckt hatte. Der Grund war, dass der Coupon aus dem Verkehr gezogen wurde, weil zu viele Fälschungen im Umlauf waren. Und dann stelle ich mir vor, welch Freude aufkommt, wenn man für so einen Coupon „bezahlt" der dann auch noch gefälscht ist – nein danke. Da passe ich gerne.

Mit dieser Klausel wird eigentlich nur verdeutlicht, dass wenn der Coupon–Wert 2 € Beträgt, das Produkt im Angebot vielleicht aber nur 1,80 € kostet, dass ihr die Differenz nicht ausgezahlt bekommt.

Es gab ganz am Anfang Coupons (überwiegend in den USA – zumindest hatte ich in Deutschland einen solchen nie in der Hand) die es erlaubten, dass wenn man einen Coupon hatte, aber das Produkt beispielsweise nicht vorrätig war, eine Art Entschädigung beziehungsweise Gutschrift bekam. Nicht zwingend in der regulären Höhe des Coupons, aber eben einen Anteil. Das wurde natürlich derart ausgenutzt, dass die Unternehmen mit dieser Klausel reagierten.

Es gibt aber auch hier manchmal Coupons, die eine solche Differenz zulassen. Wie in dem Beispiel eben, werden dann die 0,20 € auf ein anderes Produkt gutgeschrieben. Oft kommt es nicht vor, aber es kommt schon ab und zu vor.

KAUFE MINDESTENS X PRODUKTE IM WERT VON X €

Oder auch: Beim gleichzeitigen Kauf von mindestens X Produkten der Marken XYZ erhalten Sie x € Sofortrabatt direkt an der Kasse.

Eigentlich einfach, aber manchmal anscheinend zu einfach. Ich habe diesen Coupon schon so oft anderen Leuten erklärt, aber sie scheinen es nicht wirklich verstanden zu haben. Meistens sind diese Coupons auf eine Produktgruppe gültig. Also könnt ihr euch eure Produkte selbst so sortieren, wie ihr sie kaufen möchtet. Ich nenne diesen Coupon in diesem Buch deshalb Kombi-Coupon, weil die unterschiedlichsten Kombinationen mit diesem Coupon möglich sind. Es gibt verschiedene Arten dieser Coupons. Bei manchen muss man eine bestimmte Anzahl an Produkten kaufen, um einen bestimmten Rabatt zu erhalten. Bei anderen muss man zusätzlich noch einen gewissen Betrag überschreiten.

Wenn ihr beispielsweise einen Coupon eines Unternehmens habt, der 4 € Rabatt bei einem Kauf von 4 Produkten aus einem bestimmten Sortiment gewährt, spielt der tatsächliche Betrag keine Rolle.

Sagen wir einmal das Unternehmen hat in seinem Portfolio: Waschmittel, Spülmittel, Weichspüler, Waschmaschinentabs & Co. Dann könnt ihr euch z. B. ein Waschmittel, ein Weichspüler und zwei Spülmittel kaufen. Oder ihr nehmt nur vier Weichspüler etc. Die Kombination ist jedem selbst überlassen. Meistens sind es aber auch nur Produkte die definitiv den Betrag, beziehungsweise Wert von 4 € überschreiten, wenn man vier Produkte kauft.

Auch wenn es den eigentlichen Wert, der auf dem Coupon vermerkt ist, übersteigt. Die Klausel besagt ganz klar, dass man mindestens vier Produkte kaufen muss, um die 4 € Rabatt zu bekommen. Es gibt sehr oft diese Coupons. Besonders häufig fallen sie mir bei Tiernahrung auf, aber eben auch bei Putzmittel.

Manchmal gibt es einen solchen Coupon auch in der Lebensmittelabteilung. So gab es beispielsweise von Unilever einen Coupon für Produkte von Rama. Diesen Coupon hatte ich in der Rama Margarine entdeckt. Wenn man verschiedene Rama Produkte im Wert von 5 € gekauft hatte, bekam man mit diesem Coupon einen Sofortrabatt von 2 €.

NICHT MIT ANDEREN COUPONS KOMBINIERBAR

Das ist die fieseste Klausel, die es überhaupt gibt. Denn genau in diesem Sätzchen liegt der Unterschied zwischen dem was wir in Deutschland sparen können und dem, was die US Amerikaner sparen können. Wenn diese Klausel dabei steht, darf kein anderer Coupon für den gleichen Artikel benutzt werden. Angenommen ihr habt einen einen 4 € Kombi-Coupon von einem Unternehmen. Die Bedingung bei den Kombi-Coupon lautet, es müssen mindestens Waren im Wert von 10 € eingekauft werden, um den Rabatt von 4 € zu bekommen. Zusätzlich habt ihr vielleicht Coupons für ein Spülmittel des gleichen Unternehmens. Dann müsst ihr euch genau ausrechnen, was am günstigsten für euch ist. Wenn ihr nur einen Coupon für ein Spülmittel im Wert von 0,50 € habt und ihr aber mindestens 6 Flaschen kaufen möchtet, ist es vielleicht ratsamer, den 4 € Kombi-Coupon zu nutzen.

Das hängt aber wie gesagt vom Einzelfall ab, was ihr zu Hause benötigt und wie viele Coupons ihr für das Produkt habt, beziehungsweise wie viel ihr

auch einsetzen dürft. Hier eine kleine Beispielrechnung zur Veranschaulichung:

Spülmittel im Angebot:	0,88 €
- Coupon:	0,50 €
Endpreis:	**0,38 €**

Ein Geschäft hat das besagte Spülmittel im Angebot für 0,88 € pro Flasche. Dann kostet mit dem
passenden Coupon von 0,50 € eine Flasche nur
noch 0,38 €. Wenn ihr aber mehrere Flaschen
kaufen möchtet und habt aber nur diesen einen
Coupon, müsst ihr euch eine andere Alternative
suchen.

Hierzu habe ich euch eine alternative
Beispielrechnung erstellt:

Spülmittel im Angebot:	0,88 €
Kombi-Coupon:	4,00 €
Mindesteinkauf:	10,00 €
12*0,88 € =	10,56 €
- Kombi-Coupon:	6,56 €
6,56 € / 12 =	**0,55 €**

Ab einem Einkaufswert von 10 € kann dieser eingesetzt werden. Demnach müssen beispielsweise 12 Flaschen Spülmittel gekauft werden, um die 10 € zu überschreiten. Dann ist man bei 10,56 €. Abzüglich dem 4 € Coupon macht das 6,56 € für 12 Flaschen und demnach 0,55 € pro Flasche. Ist immer noch ein super Preis, wenn ihr bedenkt, dass eine Flasche regulär für circa 1,15 € verkauft wird.

Natürlich müssen nicht nur Spülmittel in einer Transaktion gekauft werden oder nur Putzmittel. Es können beide Produkte gleichzeitig in derselben Transaktion gekauft werden und mit dem 4 € Kombi-Coupon benutzt werden. Es ist schlicht und ergreifend einfacher, das Beispiel nur mit einem Produkt zu berechnen.

Beide Coupons jedoch gleichzeitig in einer Transaktion zu nutzen ist durch die Klausel „Nicht mit anderen Coupons kombinierbar" hinfällig.

Viele Geschäfte haben in den Wochenangeboten solche Aktionen. Manchmal auch mit anderen Produkten, beispielsweise „bei einem gleichzeitigen Kauf von zwei Shampoos erhalten Sie eine Spülung gratis dazu".

Ich glaube hier brauche ich auch nicht viel zu erklären. Außer, dass auf das übliche geachtet werden sollte. Ich finde die englische Abkürzung BOGO total witzig. *„Buy One, Get One"*. Manchmal sieht man auch BOGOF: *„Buy One, Get One Free"*. Nur so am Rande erwähnt, falls es denn irgendwann einmal eingedeutscht werden sollte.

Oder auch nur: Dieser Coupon kann eingelöst werden bei...

Ohja, da kann ich ein Liedchen von singen. Ich hatte mich auf das Angebot meines Lebens gefreut. Es war ganz am Anfang meines Couponing Daseins. Ich bin zum Supermarkt gefahren und wollte die Produkte einkaufen. Wie immer hatte ich noch einmal überprüfen wollen, ob es auch das richtige Produkt ist. Und dann kam er, der Schock. Denn der Supermarkt indem ich stand, war überhaupt nicht auf dem Coupon vermerkt. Also war alles umsonst. Ich konnte den Coupon dort nicht einlösen und musste meiner Familie von der peinlichen Misere erzählen. Heute kann mir das nicht mehr passieren, denn ich achte schon bei der Planung genau darauf, ob der Coupon in dem Markt auch gültig ist.

Eigentlich steht diese Klausel nur ganz selten auf den Coupons. Denn in der Regel sind die Produkte durch die Barcodes generiert und haben mit einer Aktionspackung nichts zu tun. Wenn es wiederum zu einer *„Gratis testen Aktion"* kommt, dann kann es durchaus sein, dass man hierfür eine Aktionspackung benötigt. Meistens steht dann aber *„Gratis testen"* oder *„Geld zurück Garantie"* unübersehbar auf der Verpackung. Persönlich finde ich, hat das mit Couponing an sich nicht viel zu tun. ABER ich habe sämtliche Coupons aufgehoben und genauer unter die Lupe genommen. Und es stand dabei. Deshalb wollte ich es auch erwähnen.

Das ist auch eine sehr witzige Klausel wie ich finde. Meistens steht sie auch nicht nur auf Coupons, sondern viel öfters in den Werbeanzeigen der einzelnen Geschäfte. Im Prinzip sagt sie nur aus, dass der Hersteller, der Markt oder wer auch immer den Coupon/ die Werbeanzeige drucken lies, sich etwaige Fehler oder fehlerhafte Angaben vorbehält und somit gegebenenfalls eine Rückrufaktion starten kann. Wegen Druckfehlern oder ähnliches beispielsweise.

Vor kurzem erst war in einem Wochenangebot eines Supermarktes ein Angebot, das nachträglich durch genau eines solchen Hinweises am Regal widerrufen wurde.

Es handelte sich um ein Produkt, dass nur 0,95 € kostete. Wer eine Kundenkarte dieses Geschäfts hatte, und dieses Produkt kaufte, bekam 100 Extra Punkte auf seinem Kundenkartenkonto gutgeschrieben. Bei manchen Kundenkarten kann man das so umrechnen, dass ein Punkt einem Cent entspricht. Es gibt aber auch Geschäfte, in denen es anders gerechnet wird.

Der Clou an diesem Angebot war aber der, dass somit das Produkt nicht nur völlig „kostenlos", sondern mit Gewinn angeschafft werden konnte.

Als der Markt das eben erkannte, hatte er mit einem Zusatzschild am Regal reagiert und darauf hingewiesen, dass es sich um einen Druckfehler handelte und dass es nicht mehr 100 Extra Punkte, sondern nur noch 50 Extra Punkte gab.

Auch die Mitarbeiter eines Geschäftes oder die Gestalter der Wochenanzeigen sind nur Menschen. Auch ihnen passieren Fehler und damit man die Chance hat entgegen zu wirken, gibt es eine solche Klausel.

Eine weitere Klausel die sehr selten auf den Coupons steht, sondern eigentlich viel mehr schon in den einzelnen Wochenangeboten oder in den allgemeinen Bedingungen der Geschäfte stehen.

Meistens steht es bei Produkten dabei, die beispielsweise als Saisonware deklariert sind oder die vielleicht eine Sonderverpackungsgröße haben. Bei Sortimentswechsel ist es auch ganz oft so, dass diese Klausel dabei steht. Wenn dann nichts mehr da ist, kann auch nichts mehr nachbestellt werden.

Diese Klausel steht nicht auf den Coupons, ist aber sehr wichtig für Couponer. In Deutschland können wir nicht in riesigen Mengen einkaufen, außer man geht in den Großhandel. Der Grund hierfür ist, dass so ziemlich auf jedem Prospekt oder in den Regularien der Geschäfte der „Verkauf in Haushaltsüblichen Mengen" eine Richtlinie ist. Demnach könnt ihr nicht gerade wie in der TV Sendung, nur weil die Nudeln im Angebot sind, auf einen Schlag 200 Packungen kaufen. Es gibt bestimmt Menschen die das tun. Der Grund für meine Großeinkäufe ist aber ein ganz anderer. Meine Geschwister haben kein Auto und die Angebote außerhalb sind meistens günstiger als in der Stadt. Deshalb plane ich auch immer meine Einkäufe mit ihnen zusammen. Bevor ich dann mit dem Einkauf beginne, gehe ich zur Information des Geschäftes und informiere das Personal über die Situation und frage nach, ob es in Ordnung geht. Hier gilt: Höflichkeit und nicht die Dreistigkeit siegt. Ich habe es noch nicht erlebt, dass ein Supermarkt oder ein Drogeriemarkt gesagt hat, dass das nicht in Ordnung ginge. Ganz im Gegenteil. Hier passt der Spruch: Wie es in den Wald schallt, so schallt es wieder heraus.

Neben der Marktbedingung mit den Haushaltsüblichen Mengen, gibt es weitere wichtige Dinge, auf die ein Couponer achten sollte. In manchen Märkten kann man nur eine bestimmte Anzahl an Coupons einlösen. Die Spanne liegt zwischen 10–24 Coupons pro Einkauf, beziehungsweise Transaktion. Zumindest was ich bisher erlebt habe – mehr hatte ich auch noch nicht ausprobiert. Außerdem kann man bei vielen nur einen Coupon der gleichen Art einsetzen. Wenn ihr also zwei Coupons für eine Backmischung habt, dann müsst ihr euch eben mit zwei getrennten Transaktionen begnügen. Es gibt sicherlich noch viele weitere Bedingungen, aber diese werden vermutlich weiter mit der Couponing Revolution in Deutschland wachsen. Es gibt auch leider (noch) keine genauen Bedingungen, die nachgeschlagen werden können. Auch auf mehrfaches nachfragen, konnte mir kein Markt bisher eine genaue Auskunft darüber geben. Aber was nicht ist, kann bekanntlich noch werden.

Das ist auch eine sehr hübsche Klausel. Es gibt sie in unterschiedlichen Varianten:

- Nur ein Artikel pro Kauf und Kunde
- Nur ein Coupon pro Artikel
- Nur ein Coupon pro Kunde und Kauf

Im Prinzip ist dies eine Kombination der „nur in Haushaltsüblichen Mengen" und „nicht mit anderen Aktionen/Coupons kombinierbar". Nur auf einen bestimmten Artikel darf ein Coupon benutzt werden und auch nur pro Kunde einmal. Wenn ich also mit meinem Freund einkaufen gehe, dann dürfen wir rein theoretisch zwei Coupons einsetzen, welche diese Klausel haben. Jedoch in unterschiedlichen Transaktionen, denn es ist eben auch nur pro Kauf. Bei manchen steht auch nur pro Kunde, dann wiederrum ist es eigentlich egal, ob man eine zweite Transaktion macht oder nicht – das kommt immer ganz auf das Kassensystem, den Markt und seine Bedingungen an.

Die Klauseln werden sich vermutlich immer etwas verändern oder es werden neue dazu kommen. Aber die Grundlegenden habe ich erwähnt.

DIE COUPONS FALLEN NICHT VOM HIMMEL - ABER SIE SIND ZUM GREIFEN NAHE

Soviel zu den Regularien. Woher bekommt man aber eigentlich die Coupons?

Auch hierfür gibt es mittlerweile Unmengen von Webseiten und anderen Medien, wie man an Coupons kommt. Nehmen wir ein einfaches Beispiel. Alle Pendler können mir an dieser Stelle sicherlich zustimmen. An den Hauptbahnhöfen in Deutschland liegen verschiedene kostenlose Magazine und Hefte aus. Es gibt fast regelmäßig Coupons darin für schnelle Snacks zwischendurch, oder auch für ein kostenloses Exemplar für eine Tageszeitung. Eine Zeitlang konnte man sich sogar täglich einen kostenlosen Kaffee mit einem Coupon holen. An dieser Stelle fragen sich sicherlich viele, warum sie das nicht gesehen haben oder sagen vielleicht, dass es völliger Quatsch sei. Schaut nach! Vielleicht ist das aktuelle Magazin ohne Coupons, aber die Vergangenheit gibt mir Recht. Ein weiteres, gutes und sicheres Beispiel, Müller Drogeriemarkt. Bei Müller bekommt man immer einen Coupon direkt am Ende des Kassenbons. Der Betrag richtet sich nach dem Umsatz. Diese Kassenboncoupons lassen sich auch miteinander kombinieren. Habt ihr beispielsweise einen Coupon über 0,90 € und einen weiteren über 1,50 €, werden insgesamt 2,40 € bei Vorlage der Coupons bei einem neuen Kauf gutgeschrieben. Es ist aber Vorsicht geboten. Wenn ihr nur Produkte im Wert von 1,80 € einkauft beispielsweise, dann werden die restlichen 0,80 € nicht bar ausgezahlt. Die Endsumme ist dann einfach 0 €. Müller hat meistens zusätzlich sowohl Händler- als auch Marktcoupons. Diese Coupons hängen normalerweise direkt neben dem Produkt am Regal oder auch an speziellen Werbeaufstellern.

In den Lebensmittelgeschäften mangelt es auch schon lange nicht mehr an Coupons. Es gibt einige Supermärkte, die viele ihrer Marktcoupons direkt am Eingang auslegen oder zumindest in Kassennähe legen. Viele dieser Marktcoupons gibt es in Form eines Bogens mit Perforierungen. Dadurch können die Coupons auch direkt während dem Einkaufen ohne Schere herausgetrennt werden. Oftmals sind auch Schilder, beziehungsweise Displays an den Produkten, mit einem passenden Coupon aus diesem Bogen. Die Kunden werden so direkt auf das Angebot und den Coupon hingewiesen.

Besonders überrascht war ich erst vor kurzem, denn da habe ich einen Automaten entdeckt, an dem man sich verschiedene Coupons direkt ausdrucken kann. Die Coupons sehen dann aus wie Kassenbons oder auch Pfandbons. Meistens bekommt man die Coupons an so einem Automaten mit einer Kundenkarte. Mit den Kundenkarten kann zusätzlich noch Geld gespart werden oder es können weitere Konditionen in Anspruch genommen werden. Auf die Kundenkarten und ihre Vorteile werde ich später ab und an eingehen. Es gibt noch eine andere Methode in Kombination mit einer Kundenkarte. Ihr müsst euch hierfür auf der jeweiligen Website des Marktes registrieren und einen Account anlegen. Anschließend können im eigenen Account verschiedene Coupons online ausgewählt werden. Die Coupons müssen nicht ausgedruckt werden. Am Anfang bekommt ihr dann einen Barcode, der ausgedruckt werden muss. Dieser Barcode ist mehr oder weniger die personalisierte Kundenkarte. Alternativ könnt ihr euch im Markt eine Kundenkarte geben lassen und mit der Nummer auf der Kundenkarte im Account registrieren. Wenn zum Beispiel nun Coupons im Wert von 20 € auf dem Account abgespeichert werden und diese Produkte dann eingekauft werden, wird nur noch die Kundenkarte an der Kasse vorgelegt. Der Barcode wird gescannt und automatisch werden die 20 € vom Gesamtbetrag abgezogen. Natürlich müssen die entsprechenden Produkte gekauft werden.

Im Bereich Drogeriemarkt gibt es beispielsweise die Rossmann App. Mit dieser App erhält man einen QR Code als Kundenkarte. Beim Vorzeigen des Smartphone oder Tablet kann dieser Code eingescannt werden und die zuvor aktivierten Coupons können problemlos eingelöst werden. Im Bereich „Coupons" sind alle aktuellen Coupons, die Rossmann anbietet. Durch einen Klick auf das Bild erscheinen die jeweiligen Produktbeschreibungen. Um den Coupon auszuwählen, muss man auf >Hinzufügen< klicken.

Linksoben ist ein Barcode zu sehen. Mit dem Barcodescanner können weitere Coupons eingescannt werden, die zu dem Produktportfolio von Rossmann passen und die in den Rossmann Filialen gültig sind. Ein klarer Vorteil, denn die Sucherei der passenden Coupons und die Wartezeit an der Kasse wird somit erheblich reduziert.

Rechtsoben in der App ist die sogenannte „Brieftasche". Hier findet man sowohl den QR Code also auch die ausgewählten, eingescannten und eingelösten Coupons.

Alle Coupons sind somit beisammen und es müssen nur noch die entsprechenden Produkte eingekauft werden. Sollte ein Coupon aktiviert sein, der entsprechende Artikel leider jedoch vergriffen sein, wird der Coupon nicht eingelöst. Man kann diesen Coupon, je nach Gültigkeit, dann aber beim nächsten Einkauf einlösen.

Zudem sind in der App alle aktuellen Angebote zu sehen.

Coupons zum Ausschneiden findet ihr in der Regel in den aktuellen Wochenangeboten. Manchmal sind die Coupons auch länger gültig als die Angebote.

Es gibt aber auch Magazine, die direkt in den jeweiligen Supermärkten gekauft werden können. Die Preise liegen zwischen 0,66 € und 1,00 € und haben neben interessanten Artikeln meistens Coupons im Wert bis zu 60 €. Ab und an findet man Produktproben und Coupons in den kostenlosen Magazinen von Rossmann „Centaur" und Müller „Body & Soul", „Parfümerie", „Natural".

Auch in den Magazinen von anderen Drogerie-märkten sind ziemlich oft Coupons enthalten. In verschiedenen Lifestyle Magazinen findet man ebenfalls häufig Coupons. Je nach Sparte dementsprechend unterschiedlich.

Wenn ich einen Termin für Maniküre oder Pediküre habe, liegen ganz oft verschiedene Magazine aus, um die Wartezeit angenehm für die Kunden zu machen. Ich blättere gerne durch und wenn ich einen Coupon finde, der mich interessiert, frage ich nach, ob ich mir diesen ausschneiden darf. Auch bei den Ärzten in den Wartezimmern gibt es ganz oft Magazine mit Coupons.

Jetzt wisst ihr, woher ich alle meine Coupons kriege. Im nächsten Kapitel erkläre ich euch die verschiedenen Couponarten, die es in Deutschland gibt.

DIE VERSCHIEDENEN COUPONARTEN

Es gibt mittlerweile viele verschiedene Coupons. Anfangs gab es überwiegend Coupons zum ausschneiden aus Werbeanzeigen, Zeitschriften, Magazinen und anderen Printmedien. Dann nahmen weitere Papiercoupons immer mehr an Bedeutung zu, sodass ihr heute in fast jedem Markt Coupons finden werdet. Natürlich sind auch noch Digitale Coupons, eCoupons und sogenannte Cashback Coupons hinzugekommen. Was das ist und wie damit umgegangen werden muss, erkläre ich euch in diesem Kapitel.

Eigentlich sind alle Coupons Rabattcoupons, denn es werden absolute Beträge zum Beispiel 1 € oder prozentuale Beträge zum Beispiel 10 % auf ein bestimmtes Produkt gewährt. Aber ich habe es in vielen Büchern gelesen und dachte mir, dass ich es deshalb zumindest einmal erwähnen sollte.

HÄNDLERCOUPONS

Diese Coupons werden direkt von den Herstellern ausgehändigt. Bei meiner Leidenschaft für Coupons bin ich auch auf Produkttests gestoßen. Mit den Testpaketen bekommt man sehr oft auch die Coupons der Händler direkt zugeschickt. Meistens kann man diese Coupons in verschiedenen Geschäften einlösen. Die Produkttests sind natürlich auch mit etwas Arbeit verbunden, aber mir macht es unwahrscheinlich viel Spaß zu schreiben und Bilder hochzuladen. Wenn ihr mehr zu den einzelnen Produkttests erfahren wollt, könnt ihr auf meinem Blog (http://miss-sandys-safari.de) gerne vorbei schauen. Dort gibt es eine eigene Rubrik für die Produkttests.

Manchmal verschicken aber auch die Unternehmen Coupons, wenn es eine Reklamation gab oder es neue Produkte auf den Markt gibt.

Anders als bei den Händlercoupons, sind diese Coupons auf einen bestimmten Markt beschränkt. Es steht explizit nur ein Markt darauf und dieser Coupon wird von keinem anderen Markt akzeptiert. Ich hatte auch schon Coupons, die weder einen bestimmten Markt aufgedruckt hatten, noch Märkte in denen man diesen einlösen könnte. Natürlich ist der Coupon in dem Markt gültig aus dem man den Coupon hat. Meistens habe ich den gleichen Coupon mit dem gleichen Barcode dann auch in anderen Märkten gesehen. Bei solch einem Coupon sollte man aber trotzdem nicht einfach willkürlich testen, bei wem er funktioniert und bei wem nicht. Mein Tipp: Bevor ihr mit dem Einkaufen beginnt, fragt bei der Information nach. In der Regel sollten die Mitarbeiter eine entsprechende Meldung im Computer bekommen, ob der Coupon eingelöst werden kann oder nicht. Wenn ihr dafür aber extra eine weitere Strecke in Kauf nehmen müsst, dann würde ich euch empfehlen, auf der Webseite des Herstellers nach-zuschauen. Wenn auch das nicht hilf, fällt mir spontan nur noch der Griff zum Telefon ein. Bisher konnten mir die Mitarbeiter der jeweiligen Geschäfte immer helfen oder aber das Internet.

Wie ich vorhin schon einmal erwähnt hatte, kann man sich bei verschiedenen Herstellern registrieren und bekommt dann Coupons zum selbst ausdrucken. Es gibt aber auch verschiedene Websites auf denen man verschiedene Coupons direkt auswählen und selbst ausdrucken kann.

Auf meinem Blog findet ihr einige Informationen und direkte Links zu den verschiedenen Anbietern.

Ein kleiner Tipp von mir: Wenn auf dem Coupon steht „auch in schwarz weiß gültig", dann handelt es sich meistens um einen Onlinecoupon. Die meisten personalisierten Coupons sind Onlinecoupons, aber dazu später noch mehr.

STICKERCOUPONS

Stickercoupons kleben, wie es der Name vermuten lässt, auf bestimmten Produkten. Entweder sind diese Coupons direkt für das Produkt auf dem sie kleben oder aber für ein anderes Produkt. Zum Beispiel bei Weichspüler. Es gab beispielsweise einen Coupon über 1 €, der auf einer Flasche Weichspüler einer bestimmten Firma klebte. Der Coupon selbst war aber für alle Waschmittel einer Marke gültig.

Einfach diese Coupons von den Flaschen entfernen und nichts kaufen, ist absolut nicht nett und auch nicht im Sinne des Erfinders. Meine Schwester zum Beispiel benutzt Weichspüler. Ich hatte ihr einige Flaschen im Angebot gekauft und wir konnten somit die Coupons für das Waschmittel nutzen.

DIGITALCOUPONS / ECOUPONS

Digitalcoupons sind Coupons, die vor einem Kauf aktiviert werden und dann nach dem Vorzeigen einer Kundenkarte entweder in Form einer Karte, einem Ausdruck eines Barcodes oder auch nur auf dem Smartphone oder Tablet, angerechnet bekommt. Die Rossmann App wäre auch hierfür wieder ein tolles Beispiel. Denn die aktivierten Coupons, sind in diesem Fall Digitalcoupons.

Es sind aber auch beispielsweise Coupons, die ihr online (unter www.payback.de) oder via App aktiviert. Diese Coupons nehmen immer mehr an Bedeutung zu.

Bei jedem Einkauf wird die Karte gescannt und man bekommt Punkte auf einem sogenannten Punktekonto gutgeschrieben. Diese Punkte kann man entweder in Prämien umwandeln oder mit den Punkten zahlen. Meistens entspricht ein Punkt einem Cent und ab einer gewissen Anzahl von Punkten, kann man damit zahlen oder sich einen dementsprechenden Coupon auf die Karte laden. Real beispielsweise hat sehr oft Schilder am Regal hängen, die Payback–Kunden auf einen günstigeren Preis hinweisen. Meistens kann man die

Angebote und/oder Coupons von Payback & Co. mit Händlercoupons oder Marktcoupons kombinieren. So gab es Beispielsweise eine Aktion von Real und Knorr. Ab 5 € Einkaufswert von Knorr Produkten, konnte man 2 € Sofortrabatt mit Coupon an der Kasse einlösen. Beim Vorzeigen der Payback Karte konnte man zusätzlich 20 % auf alle Knorr Produkte sparen.

Cashback war zum Beispiel neben den Treuepunkten ein „Kapitel", an das ich mich ganz langsam nur heran getraut hatte. Kurzum, ich hatte am Anfang ein wenig „Angst". Meine Bankdaten sind mir heilig und die wollte ich nicht direkt preisgeben. Wie ich heute weiß, war das völliger Quatsch. Denn die Bankdaten müssen überhaupt nicht zwingend herausgerückt werden. Ich habe mich wie gesagt etwas langsamer an das Thema Cashback heran getastet. Den absoluten Durchbruch habe ich mit Scondoo Cashback geschafft. Ich hatte einfach aus Spaß Scondoo bei Instagram eingegeben und Scondoo auch tatsächlich gefunden. Die Bilder haben mir persönlich sehr zugesagt und ich bekam das Gefühl, dass man einen Ansprechpartner zum greifen hatte. Scondoo Cashback gibt es als App zum herunterladen auf Smartphone und Tablet oder man kann auch unter **www.scondoo.de** die ganz normale Website aufrufen und sich informieren. Ich persönlich finde die App sehr hilfreich und benutze diese auch ausschließlich. Ich habe so einfach immer einen Überblick, welche „Deals" Verfügbar sind und wie viel ich noch einlösen darf.

Bei Scondoo werden die Coupons „Deals" genannt (nur für das bessere Verständnis und der einheitlichen Begriffe wegen). Mit der Scondoo App kann man sich vor oder während dem Einkaufen die Deals anschauen und diese bei manchen Geschäften als Sofortrabatt einlösen oder eben als Cashback gutschreiben lassen. Beim Cashback Verfahren muss im Anschluss des Einkaufs der Kassenbon abfotografiert werden. Es wird genau angezeigt, wo das Händlerlogo sein sollte. Außerdem müssen der Endbetrag, das Kaufdatum und der Artikel mit der genauen und korrekten Beschreibung auf dem Bild sichtbar sein. Der Kassenzettel wird dann von Scondoo geprüft. Wenn alles rechtens ist, wird der Betrag des Deals gutgeschrieben. Sollte ein Problem auftreten, wird man darüber informiert und kann erneut ein Foto hochladen. Ich vergesse oftmals, dass bei manchen Geschäften ganz unten das Datum steht. Also hatte ich schon öfters das Vergnügen, den Kassenzettel noch einmal abzufotografieren und hochzuladen. Ab einem bestimmten Betrag, bei Scondoo sind es 4 €, kann man sich diesen Betrag per Banküberweisung oder als Überweisung auf das PayPal Konto gutschreiben lassen. Zudem gibt es noch die

Möglichkeit, den Betrag zu spenden. Mittlerweile bin ich ein großer Fan des Cashbacks und insbesondere von Scondoo. Es ist mit abstand die schnellste Variante des Cashbacks und bei Problemen ist das Team immer zu erreichen.

Bei manchen Cashbacks kann man zudem noch sein eigenes Feedback unter der Rubrik „Deine Meinung" abgeben. Ich probiere selbst sehr gerne und sehr oft neue Produkte und dafür, dass man die Produkte günstiger bekommt, kann man auch durchaus sich eine Minute Zeit nehmen und die Umfragen ausfüllen.

Neben den Cashbacks auf Lebensmittel und andere Produkte im Bereich Deals, gibt es auch noch die „Mobile Deals" mit vielen weiteren Unternehmen und Angeboten, bei denen man Geld sparen kann.

Es gibt auch immer wieder nette Aktionen von Scondoo mit extra Chancen auf extra Gewinne. So habe ich beispielsweise zu Ostern 2016 an einer „Cashbacknest" Aktion teilgenommen. Sowohl in der App, als auch über Social Media und habe dadurch noch einen zusätzlichen Betrag gewonnen. Ich sehe meine Scondoo Cashback App als virtuelles Sparschwein. Ich kaufe ein, fotografiere den Kassenzettel und bekomme es sehr schnell gutgeschrieben. Da bleibt es dann auch, bis ich es mir ausbezahlen lasse. Und das schöne daran ist, man denkt nicht kontinuierlich daran und freut sich umso mehr, wenn sich dann ein ordentlicher Betrag angesammelt hat.

Es gibt mehrere Cashback-Anbieter. Manche leider nur für Android Geräte, aber auch für alle Geräte-arten gibt es noch Cashback-Anbieter. Schaut euch einfach an, welche es für euer Gerät gibt und welche ihr nutzen möchtet.

PERSONALISIERTE COUPONS

Wenn man sich auf diversen Webseiten registriert um Coupons oder Produktproben zu erhalten und um zusätzlich up to date zu bleiben, bekommt man ganz häufig die Coupons in personalisierter Form. Entweder steht eine Seriennummer auf dem Coupon, der Name steht in einem Feld, oder der Barcode ist personalisiert (erkennt man daran, dass er extrem lang ist, im Gegensatz zu den standardisierten Barcodes, ebenso der EAN Code ist sehr lang). Auch an dieser Stelle sollte man sich dessen bewusst werden, dass wenn man einen Coupon verändert, man gegen das Gesetz verstößt. Es handelt sich hierbei um Urkundenfälschung. Es werden sicherlich viele dieses Buch kritisieren, aber ich möchte wirklich an dieser Stelle an die Vernunft jedes Einzelnen appellieren. Bleibt fair, damit wir alle lange etwas vom Couponing haben. Es hat schon seine Gründe, warum es für manche Produkte nur einen Coupon gibt und nicht tausende produziert werden.

KASSENBONCOUPONS

Die Kassenboncoupons werden, wie es der Namen bereits vermuten lässt, im Anschluss eines Einkaufs mit dem Kassenbon ausgedruckt. Wie vorher bereits erwähnt, gibt es bei Müller Drogeriemarkt mit jedem Einkauf einen weiteren Coupon am Ende des Kassenbons in Höhe von 3 % des Einkaufes.

Es werden aber auch noch völlig andere Coupons ausgedruckt. So hatte ich in Kombination mit einer Kundenkarte in einem Supermarkt einen Coupon für Putzmittel bekommen, als ich Waschmittel kaufte. Oder als ich Pasta kaufte, gab es einen Coupon über Pesto und Pasta Saucen dazu. Eine Sache die ich bei den Kassenboncoupons toll finde, hier bekommt ihr die Chance auch Coupons für frische Produkte wie, frischen Fisch, Obst, Gemüse oder Fleisch zu bekommen.

Auch in den Supermärkten ohne Kundenkarte hatte ich bereits einen Kassenboncoupon bekommen. Ich hatte mir eine Tiefkühlpizza gekauft (ab und an muss es auch schnell gehen) und bekam im Anschluss einen weiteren Coupon für eine andere Tiefkühlpizza der gleichen Marke.

In den USA werden diese Coupons „Catalina" genannt. Dort gibt es auch Angebote die explizit
sagen, wenn man Produkt X kauft, bekommt man
einen Coupon im Wert von $ XX für X Produkt.
Das habe ich bisher leider auch noch nicht gesehen
in Deutschland. Ich hoffe sehr, dass es bald mehr
von den Kassenboncoupons geben wird.

Diese Art von Coupons oder Rabatte hatte sicherlich jeder schon bereits gesehen. Wenn man eine bestimmte Anzahl an Punkten in einem Markt gesammelt hat, kann man sich dafür beispielsweise ein Besteckset kaufen, das um ein vielfaches günstiger ist, wenn man ein Sammelheftchen voll mit Stickern hat. Oder man kann Koffer oder sonstige Outdoor-Artikel kaufen. Es gibt so viele verschiedene Treueaktionen. Für Groß und Klein, einfach indem Punkte gesammelt werden und diese in ein Heftchen geklebt werden. Oft gibt es auch Figuren oder Sticker zum sammeln. Oder ganz klassisch, die Payback Karte. Man bezahlt seine Artikel, lässt die Kundenkarte einscannen, beziehungsweise zeigt die entsprechende App vor - und bekommt Punkte gutgeschrieben, die dann in Einkaufsgutscheine oder Prämien eingelöst werden können. Oder man lässt sie sich als Bargeld auf das Konto auszahlen, beziehungsweise zahlt direkt mit den Punkten. Warum das viele Märkte mittlerweile machen? Weil sie personalisiertes, sprich effektives und dadurch effizientes Marketing machen, gemeinsame Promotions durchführen können und sie durch Programme wie Payback die Daten dazu erhalten. Konsumenten sparen und die Unternehmen können sie erstmals mit Namen anschreiben und ihnen die Angebote zukommen lassen, die relevant für sie sind.

Eigentlich sind sie ja keine Coupons, das weiß ich. Aber sie gehören trotzdem dazu und manchmal bekommt man auch nur Coupons, wenn man Besitzer einer Kundenkarte ist.

Ich liebe Kundenkarten und habe ein paar davon, die es in meiner Region gibt. Leider sind manche sehr attraktiv und andere sind weniger attraktiv für mich. Ähnlich wie mit den Treueaktionen möchten die Märkte genau wissen, was wann, wie viel und zu welchem Preis gekauft wurde. Kaufverhalten analysieren, aber nicht ausspionieren.

Ich sage mir immer, ich gebe meine Daten ohne weiteres heraus, wenn ich damit weiterhelfen kann und natürlich auch etwas davon habe. Deswegen gibt es auch einige Karten, die ich mehr nutze und andere, die ich weniger nutze. Aber ich denke, dass ich hierfür auch nicht viel erklären muss.

Wie gesagt, manche lohnen mehr als andere und das muss jeder für sich selbst herausfinden. Es gibt sicherlich noch weitere Kundenkarten, die natürlich abhängig von der Region und von den Geschäften sind.

10 Tipps wie ihr mehr für euer Geld bekommt

Sie sind anstrengend und langwierig zu erstellen, aber trotzdem sehr effektiv.

Es bedarf einer harten Disziplin und ein hohes Maß an *„ist mir doch egal was die anderen über mich denken!"*: Preise aufschreiben.

Ich habe einige Zeit jeden Tag von verschiedenen Geschäften Preise aufgeschrieben. Nicht von allen Artikeln, aber von Artikeln, die wir auch benutzen. Beispielsweise haben mich bis vor kurzem Babysachen nicht sonderlich interessiert. Als mein Bruder dann aber sagte, dass er Vater wird und ich die Patin des Babies werde, habe ich die Rubrik „BABYSACHEN" angelegt. Hier kam dann auch wieder die Familie mit ins Spiel, wobei manche Daten mehr und andere weniger brauchbar waren. Ich hatte jedes Familienmitglied gebeten mir von bestimmten Artikeln die Preise aufzuschreiben oder abzufotografieren, damit die Tabelle schneller vorankam.

Es ist eine nahezu endlos wirkende Excel–Tabelle. Es hat mich wirklich viel Zeit und Energie gekostet. Dank der vielen tollen Onlineshops konnte ich wenigstens einige Preise von Drogeriemärkten einfach aus dem Internet übernehmen. Aber in Supermärkten war es schon teilweise heftig. Viele andere Kunden haben mich schräg angeschaut. Andere haben mich gefragt, was ich da machen würde. Ich habe es meistens gesagt, der Anblick war dann überwiegend eher verdutzt, weil ein „junges Mädchen" wie ich die Preise vergleiche. Ach es war schon ein Abenteuer und ist es immer wieder. Meistens an den Wochenenden habe ich dann die Daten in die Excel–Tabelle eingepflegt. Es war anstrengend und man braucht wirklich ein hohes Maß an „ist mir doch egal - denken", wenn man ständig schräg angeschaut wird. Ich habe mir nur immer wieder gesagt: *„Ich gönne mir lieber etwas schönes von dem gesparten Geld, während du viel zu teuer einkaufst und es dir vielleicht nicht einfach so leisten kannst."* Im Übrigen ist das auch eine sehr gute Übung für die Nerven, die man später an der Kasse braucht. Nicht selten schnaufen, stöhnen oder gaffen die Leute hinter einem in der Schlange. Langsam anfangen, damit man noch Spaß bei der Sache hat. Man muss ja nicht gleich alle Regale auf und ab gehen und jede Größe und Marke auf-schreiben. Ich hatte Beispielsweise mit Konserven angefangen, Kidney Bohnen, Mais und anderen länger haltbaren Artikeln. Danach habe ich mich dann immer etwas weiter durchgearbeitet. Was aber welche Fertigsuppe wo, wie viel kostet, weiß ich auch nicht, weil wir das nicht essen. Man selbst weiß ja am Besten, was der eigene Haushalt verbraucht, was die Familie gerne mag und was nicht. Warum sollte ich mir die Mühe machen und aufschreiben was das Katzenfutter beim Discounter kostet, wenn ich überhaupt keine Katzen habe. Und so hat natürlich jeder seine eigenen Vorlieben und Wünsche. Es lohnt auch sehr die Preise in den gleichen Märkten in anderen Orten zu vergleichen.

Es gibt Webseiten auf denen man alle möglichen Preise für alle möglichen Produkte bekommt, aber es sind regional trotzdem so viele Unterschiede möglich, dass ich lieber auf eine manuell angelegte Preisliste setze. Hat auch zum Vorteil, dass direkt ersichtlich wird, ob ein Produkt teurer oder günstiger geworden ist.

Wer mir bis zu diesem Tipp bereits gefolgt ist, hat sicherlich schon ein paar Cents beim Einkaufen gespart. Es sind ganz oft viele kleine Preisunterschiede, die man vorher nicht bemerkt hatte. Wenn man sich eine Preisliste angelegt hat, ist es umso einfacher die Entscheidung zu treffen: Wo werde ich demnächst meine Wattepads kaufen? Kein Scherz, aber beim Discounter sind sie teurer als bei einem Namhaften Supermarkt!

Die Preise zu vergleichen macht unwahrscheinlich viel aus. Ganz oft werden wir mit Angeboten zugemüllt, die überhaupt keine Angebote sind. Meistens sogar viel teurer als zum regulären Preis. Hier habe ich ein ganz nettes Beispiel. Bei einem großen Supermarkt gab es ein Angebot für gemischtes Hackfleisch. Zum Normalpreis lag der Kilopreis zu diesem Zeitpunkt bei rund 5–6 €. Eine Woche zuvor gab es das Kilo gemischtes Hackfleisch im Angebot für 3,66 €. Eins, zwei Wochen später kam ein unschlagbares Angebot: 2,99 € für 500 Gramm.

Manchmal übersieht man so etwas sehr gerne. Mit der Zeit bekommt man aber ein Gefühl dafür und sieht schon auf einen Blick, was ein Angebot ist und was nicht. Übung macht den Meister.

Ein anderer Marketingtrick sind die roten Preisschilder. Vielleicht ist es auch schon manchen selbst so ergangen. Wie oft sehe ich ein rotes Preisschild und denke: SONDERANGEBOT! Aber manchmal ist das gekennzeichnete Sonderangebot, gar kein Sonderangebot. Ein Beispiel: Ich esse sehr gerne Frischkäse. Mein Vater wollte mir etwas Gutes tun und hat mir in einem Geschäft Frischkäse gekauft, denn es war ja „reduziert" und demnach ein super Schnäppchen. Ich bin fast vom Hocker gefallen, als ich den Preis gesehen habe. Es war nicht der Normalpreis, sondern es war sogar 0,20 € teurer als in einem anderen Geschäft zum Normalpreis.

Ein anderes Beispiel. An der Kasse stehen ganz oft Kaugummis. Mir ist erst vor kurzem aufgefallen, dass ein Discounter die Kaugummis reduziert hat. Ganze 2 Cent Ersparnis! Ein super Schnäppchen, bei dem man unbedingt zuschlagen muss. Ich lebe auch nach dem Motto, *„wer den Pfennig nicht ehrt, dem ist die Mark nicht wert"*. Aber wegen 2 Cent Ersparnis würde ich keinen Kaugummivorrat anlegen. Deshalb schaut euch ganz genau den Preis an.

Was soll das denn? Wer hat denn im Jahre 2016 keinen eigenen Email Account?

Ich habe zum Beispiel schon seit Jahren mehrere Accounts. Einen für Werbung, Gewinnspiele & Co., einen für die Uni (damals noch für die Schule) und einen fürs Geschäftliche und den Beruf. Das rührte alles daher, dass ich mich als Reiseverkehrskauffrau fast bei jeder Hotelkette, jedem Veranstalter und so weiter angemeldet habe und täglich das Email Postfach überflutet wurde. Deshalb hatte ich dann alles getrennt. Was ich heute nicht mehr für den Reiseverkehr nutze, nutze ich deshalb für Coupons. Und das ist ein wirklich hilfreicher Tipp. Denn man behält so einen besseren Überblick. Mit dem Anmelden von Newslettern kommt auch ganz oft viel Spam mit dazu. Was nicht zwingend an den Unternehmen liegt. Wer seine wirklich wichtigen Emails schützen möchte, sollte deshalb mehrere Accounts anlegen.

Und nun weiter. Auch wenn man es eigentlich nicht machen sollte: Schreibt euch den Username und das Passwort für jede Website einzeln auf. Es gibt manche Websites, die besuche ich nicht all zu oft oder brauche nicht mehr das Passwort ständig eingeben (Beispiel App – einmal anmelden und dann braucht man es eine lange Zeit nicht mehr). Es ist immer nervig und zeitintensiv, wenn man dann das Passwort als vergessen anklicken muss und ein neues Passwort sich ausdenken muss. Ich bin hier etwas vorsichtiger und speichere es nicht auf dem PC, sondern habe eine DIN A4 Seite, auf der alles steht was ich brauche.

Eine weitere gute Methode, aber auch nicht wirklich empfehlenswert, überall versuchen den gleichen Username und Passwort zu bestimmen. Wenn eins gehackt wurde, besteht die Gefahr, dass alle anderen auch gehackt werden könnten. Da muss man sich selbst aussuchen, was am Besten für einen ist. Ich habe meine Seite und die ist an einem sicheren Platz, den ich kenne und den andere erst einmal nicht vermuten würden.

Warum sollte man sich freiwillig seine Zeit durch unnötige Newsletter rauben lassen? Nun ja, in diesen unnötigen Newsletter sind ganz oft sehr nette Coupons dabei. Oder man wird über neue Produkttests oder Gewinnspiele informiert. Ich habe an unwahrscheinlich vielen Produkttests teilgenommen und es hat mir immer sehr viel Spaß gemacht. Nicht nur, dass man die Produkte gratis zugeschickt bekommt und sie kostenlos testen und behalten durfte, ich habe so auch viele meiner Freunde und Bekannten etwas Gutes tun können. Meistens gibt es Proben oder ziemlich hochwertige Coupons dazu. Es ist aber auch mit Arbeit verbunden. Bilder ins Netz stellen, Berichte schreiben und Fragebögen ausfüllen gehören zu den meisten Standards. Außerdem erfährt man immer als erstes, wann die neuen Angebote erscheinen und erfährt schnell, sehr viel über neue Produkte. Vor allem aber ist es meistens kostenlos. Ich für meinen Teil abonniere nur kostenlose Newsletter, oder registriere mich auch nur bei Unternehmen, die dies kostenlos anbieten.

TIPP 5: COUPONS

Ich habe jetzt schon öfters erwähnt, dass man mit Coupons richtig sparen kann. Wie jedoch genau man die Coupons am Besten aufbewahrt etc., noch nicht. Ich habe mein ganz eigenes System. Ich muss aber auch dazusagen, dass ich trotz meines mega chaotischen Lebens, höchst organisiert bin. Geht nicht? Geht doch! Ein kleiner Denkanstoß: Denkt einmal an eure oder an die Handtasche von der Frau, der Freundin, der Mutter, der Schwester oder von wem auch immer. An was denken die meisten? CHAOS! Alles drin. Nur nicht das, was man wirklich braucht. Richtig? Zumindest ist es bei vielen so. Bei mir nicht. Ich habe immer mein Handy, meine Schlüssel, Portemonnaie und ganz wichtig, meinen Terminkalender dabei. Ich liebe meinen Planer mindestens genauso wie ich meine Coupons liebe. Wenn ich keinen Kalender hätte, dann wäre ich wahrscheinlich irgendwo unterwegs verloren gegangen und hätte nicht mehr gewusst wo hinten und wo vorne ist.

Und ich liebe Farben. Ich belege auch ein bestimmtes Klischee:

Frauen studieren nicht, sie markieren alles bunt. Während mein Freund einen Textmarker hat, habe ich Buntstifte, Textmarker in allen möglichen Farben und weiß der Kuckuck was alles dabei.

Genug von meinem Laster. Zurück zu den Coupons und dem Planer. Ich trage in einer bestimmten Farbe ein, wann ein Coupon abläuft. Bei hochwertigen Coupons male ich meistens den ganzen Tag aus oder klebe mir einen Sticker rein, damit ich ihn ja nicht vergesse. Aber da ich ja auch organisiert und mega chaotisch zugleich bin, habe ich zudem noch alle Coupons in meinem Kalender am PC eingespeichert. Die automatische Erinnerung ist ein Tag davor. Am Anfang nimmt das sehr viel Zeit in Anspruch, das gebe ich wirklich zu, aber es lohnt sich und wenn ihr erst einmal den Grundstein gelegt habt, geht alles andere ratzfatz. Es sind ja schließlich keine Millionen von Coupons die täglich neu hinzukommen.

Auf meinem Blog sind alle aktuellen Coupons aufgelistet, inklusive Gültigkeit. Wie ich es bereits erwähnt hatte, dürfen keine Coupons veröffentlicht werden. Das mache ich auch nicht, aber vielleicht ist ein tolles Angebot dabei und man möchte explizit auf die Suche nach dem Coupon gehen oder bittet Freunde und Bekannte mit zu suchen. Es heißt nicht umsonst, dass vier Augen mehr sehen als zwei. Vielleicht überseht ihr einen Coupon auch und freut euch dann umso mehr, wenn ihr ihn dann von Bekannten bekommt. Wenn ich an meinen Freundes- und Bekanntenkreis denke, fallen mir immer die vielen unterschiedlichen Geschäfte ein, in die sie einkaufen gehen. Wenn man in der Stadt wohnt, hat man schon seine Stammgeschäfte, die man meistens zu Fuß erreicht. Ans andere Ende der Stadt würde ich aber auch nicht zwingend laufen, um nach einem Coupon zu schauen.

So, nun habt ihr einen ersten Überblick, wann welcher Coupon wie lange gültig ist. Mittlerweile wisst ihr auch, woher ihr die Coupons kriegt. Jetzt bleibt nur noch die Frage offen, wie die Coupons am Besten abgelegt werden sollen, damit sie auch immer zur richtigen Zeit, am richtigen Ort, schnell greifbar sind? Nun ja, das ist jedem selbst überlassen. Ich zum Beispiel habe einen Mix aus mehreren Sachen.

Die Archivierungsbox

Zuerst einmal habe ich eine kleine Archivierungsbox. Hier kommen alle Coupons rein, die ich mehrfach bekommen habe. Meine Familie sammelt immer fleißig mit. Damit die Coupons nicht überall herumwirbeln und so vielleicht abhanden kommen, gibt es diese Box.

Dazu ist auch direkt zu sagen: Ich finde, es gibt so eine kleine Anstandssache beim Couponing. Ich finde es immer sehr schade, wenn ich einen bestimmten Coupon nicht finde und ich ganz genau weiß, dass es sie gibt, weil sie im Internet veröffentlicht wurden. Ich bin jedoch kein Freund davon, Coupons zu kopieren oder illegal einzusetzen, wie ich bereits schon erwähnt hatte. Nun gut, weiter zu dem was mich echt traurig macht.

Alle Coupons weg...da frag ich mich oft, warum? Erst vor kurzem wusste ich es dann. Es war eine junge Frau, sie hatte sich nicht nur eins, zwei Coupons genommen, sondern hatte direkt ALLE mitgenommen. Das ist nicht nett und auch nicht schön. Vor allem nicht, wenn am Ende vielleicht doch alle nur in den Müll wandern, weil für sie kein passendes Angebot dabei war.

In den USA haben manchmal die Kassenfeen Coupons an den Kassen und lösen sie dann für die Kunden, die das passende Produkt haben, ein. Meistens stammen die Coupons von anderen Kunden, die die Coupons nicht mehr brauchen oder einfach etwas zurück geben wollen.

Bisher waren die meisten Mitarbeiter an den Kassen in Deutschland nicht bereit, die Coupons anzunehmen. Manchmal jedoch durfte ich sie ans Ende der Kasse legen, sprich dort, wo man die Tasche einpacken kann.

Was ich auch gerne mache, vielleicht hat auch der ein oder andere das schon gesehen. Wenn ich von einem Coupon noch welche übrig habe und weiß, dass ich dieses Produkt nicht kaufen werde, dann lege ich diesen Coupon neben das Produkt. Ich denke, dass man öfters einmal etwas Gutes für seine Mitmenschen tun kann. Ganz oft habe ich aber auch hinter jemandem an der Kasse gestanden und gefragt, ob die andere Kundin / der andere Kunde dazu einen Coupon hat. Wenn nicht, hatte ich ihr/ihm meinen passenden Coupon von mir angeboten. Einige waren mir sehr dankbar, andere hätten mich am liebsten verflucht. Das ist aber ein Risiko, dass ich immer wieder gerne eingehe, was mein Freund beispielsweise ganz und gar nicht nachvollziehen kann.

Wieder zurück zu meiner Box. Die Box benutze ich nur noch als Sammelstelle. Die Coupons ordne ich danach in meinen Ordner ein, beziehungsweise in die jeweiligen Mäppchen. Am Anfang hatte ich mir Trennkarten gebastelt und alles in meiner Box verstaut, aber mit dem Ordner komme ich doch etwas besser zurecht.

Der Ordner

Wie eben erwähnt, habe ich zusätzlich zu meiner Box auch noch einen Vierloch-Ordner. Den Vierloch-Ordner deshalb, weil ich finde, dass diese Ordner mehr Stabilität bieten für die einzelnen Hüllen. Ich habe alte Sammelhüllen von Spielkarten gelocht (es gibt auch welche, die sind bereits gelocht) und einen blanko Sticker darauf geklebt. Auf diesen Sticker schreibe ich die Anzahl der vorhandenen Coupons. Die Stifte zum wegradieren finde ich deshalb super, weil es sie in den Unterschiedlichsten Farben gibt und man kann sie an der Kappe an den Ordner feststecken. Natürlich ist ein Bleistift und Radiergummi genauso gut, aber ist halt nicht ganz so hübsch wie die Stifte, finde ich. Im Fernsehen habe ich oft gesehen, dass die Couponladies aus den USA die einzelnen Coupons in die Sammelhüllen stecken. Einzeln! Das wiederrum ist mir viel zu aufwendig und Zeitraubend. Mit meinem Sticker weiß ich auch ganz genau, wie viele Coupons ich noch von welcher Sorte habe und muss mir keine hunderte von Hüllen kaufen. In meinem Ordner habe ich zusätzlich „Schlampermäppchen" zum abheften, in welche ich dann meine anderen Coupons verstaut habe. Die Schlampermäppchen gibt es auch in den unterschiedlichsten Größen und Formen. Meine sind nicht aus Plastik, ich hatte mir welche aus Stoff gekauft. Hat zum Nachteil, dass man genau wissen muss, wo, in welchem Mäppchen, was ist. Denn sie sind nicht transparent.

Neben den Schlampermäppchen habe ich ein Registersystem in meinem Ordner. Dieses Registersystem hat ein Deckblatt und 12 Registerblätter.

Die Registerblätter habe ich mit den Monaten beschriftet. Es gibt aber auch Register, die haben nur 6 Registerblätter und und und. Ich habe mir demnach auf das Deckblatt geschrieben, welcher Coupon in welchem Monat abläuft und darunter abgeheftet. Diesen einen Ordner nehme ich immer zum Einkaufen mit. Außer ich laufe mehrmals in die Stadt, oder gehe nur zu einem bestimmten Geschäft wegen einer bestimmten Sache. Dann nehme ich nur die entsprechenden Coupons mit. Es ist aber meistens dann so, dass ich noch andere gute Angebote sehe, die ich super kombinieren könnte, wenn ich meinen Ordner dabei hätte. Aber wie man es macht, es ist falsch!

Ja und so habe ich meine Coupons abgeheftet.

Umschläge & separates Portemonnaie

Umschläge oder das separate Portemonnaie benutze ich persönlich nicht. Ich fand es einfach zu unübersichtlich. Am Anfang hatte ich das auch ausprobiert. Ich hatte eine Art Registertasche dabei und darin waren dann die verschiedenen Umschläge. Die Registertasche kann man nach Produktart oder Geschäft unterteilen und dann die einzelnen Umschläge beschriften.

Bei dem Portemonnaie war das Problem einfach folgendes: manche Coupons sind größer, andere kleiner, andere sind rechteckig, andere quadratisch. Ich habe einfach keine Übersicht reinbekommen und deshalb beiseite gelegt.

Jeder muss für sich selbst herausfinden, was für einen das Beste ist.

Wenn man eher der Box-Typ ist, kann man sich die Coupons mit Trennkarten in einer Box sortieren. Man kann Trennkarten dazwischen legen und hat somit eine Art Karteikartensystem für die Coupons. Es gibt bestimmt noch ein paar Ordner-Typen wie mich, die aber die Unterteilung anders angehen. Andere bevorzugen Umschläge. Und wieder andere mögen nix davon wissen und haben alles durcheinander irgendwo in einer Sammelschublade. So könnte ich mir das bei meiner Schwester zum Beispiel gut vorstellen. Wobei ich sie etwas in Schutz nehmen muss. Die Coupons sind sicherlich sortiert und mit einer Büroklammer oder einem anderen Klipp zusammen geheftet, vielleicht auch eher ein Haargummi, aber ein bisschen Ordnung in der Schublade hätte sie sicherlich auch.

Es gibt hier einfach kein Richtig oder Falsch. Es ist völliger Quatsch, dass man nur in einem Coupon-Ordner alles übersichtlich hat. Vielleicht hat jemand einen Apothekerschrank zu Hause und so viele Schubladen frei, dass er oder sie sich für jeden Bereich eine Schublade für die Coupons gönnt.

Testet und probiert es aus, was am Besten für euch ist. Ihr müsst damit klar kommen, sonst niemand.

Ja, es ist vermutlich das einfachste auf der Welt. *„Dafür hat sie ein Buch geschrieben? Das wusste ich auch vorher schon."* Das könnten eure Gedanken jetzt vermutlich sein. Leider weiß ich aber aus Erfahrung, dass es die wenigsten machen, oder sich zumindest nicht an die Einkaufsliste halten. Aber das wird eine etwas andere Einkaufsliste sein. Ich habe euch hier eine Tabelle gezeichnet, wie das ganze aussehen könnte, beziehungsweise, wie ich sie benutze.

Artikel	NP*	AP**	Coupons Ja/Nein	Stück	EP***
A	2,49 €	1,49 €	0,50 €	5	4,95 €
B	1,19 €	0,88 €	Nein	5	4,40 €
Summe					9,35 €

*Normalpreis; **Angebotspreis; ***Endpreis

Ob ihr die Tabelle so übernehmen möchtet, oder ob ihr lieber ganz klassisch zu Zettel und Stift greift, ist vollkommen egal.

Es gibt auch Einkaufslisten-Apps für das Smartphone oder Tablet. Viele Apps vereinfachen den

Alltag ungemein, das streite ich nicht ab. Ich mag aber lieber meine eigenen Tabellen und benutze keine Apps für die Einkaufsliste.

Mit der Tabelle weiß ich nämlich auch immer gleichzeitig, wie viel ich ausgeben werde. Natürlich kann es sein, dass ich einen Artikel nicht bekomme oder dass etwas anderes noch ungeplant in den Einkaufswagen wandert. Dann muss ich natürlich vor Ort noch einmal nachrechnen. Das hat ganz klar den Vorteil, dass man auch an der Kasse schneller einen Fehler entdeckt. Es kann immer ein Produkt nicht richtig im System hinterlegt sein. Um solche Fehler direkt schon an der Kasse zu erkennen, ist es eben sehr praktisch, wenn eine aktuelle Kalkulation vorhanden ist.

Ich versuche auch immer mit Bargeld zu zahlen, um mein Budget einzuhalten und damit es schneller an der Kasse geht. Manche Karten scheinen eine halbe Ewigkeit zu brauchen, bis eine Zahlung genehmigt wurde.

Zurück zur Einkaufsliste: *„Same procedure as every sunday"*. Ich bin eine absolute Frühaufsteherin und suche mir daher Sonntagsmorgens immer Beschäftigungen, die leise sind. Seitdem ich mich richtig intensiv mit dem Couponing beschäftige, habe ich ein neues Sonntagsritual: Kaffee und die Angebotsblättchen. So habe ich alle Zeit der Welt, störe niemanden und kann ganz entspannt meine Einkaufsliste schreiben.

Wichtig bei der Einkaufsliste ist nun, dass ihr alle Artikel aufschreibt, die ihr für euren wöchentlichen Einkauf braucht. Danach schaut ihr die Angebotsblättchen durch. Oftmals ist es auch ratsam, im Internet andere Märkte zu vergleichen. Wir bekommen mit der Post nur manche Angebotsblättchen, aber bei weitem nicht von allen Geschäften, die in unserer näheren Umgebung sind. Viele Supermärkte bieten auch Apps an und machen so das blättern durch die Wochenangebote digital möglich. Zum Vorteil hat es, dass die Umwelt weniger belastet wird. Der Nachteil, manchmal hängt sich so eine App auch gerne einmal auf oder auf den Webseiten sind noch nicht die aktuellsten Angebote.

Beim Durchsehen der Angebote habe ich immer kleine Klebezettel und einen Stift neben mir. So kann ich die wirklich guten Angebote markieren und finde sie im Anschluss schneller wieder. Manchmal haben verschiedene Märkte die gleichen Produkte, zur gleichen Zeit, aber zu unterschiedlichen Preisen im Angebot. Wenn ich also alles durchgesehen habe, vergleiche ich die Preise zur Sicherheit noch einmal mit meiner Preisliste. Danach schaue ich, ob ich einen passenden Coupon zu den Artikeln finde. Selbstverständlich prüfe ich auch hier schon, ob der Coupon dann auch für den Markt gültig ist und ob es noch eventuelle Kundenkartenrabatte gibt.

Und damit geht es auch weiter mit dem nächsten Tipp: Den Einkauf genau planen.

Auf jeden Fall solltet ihr euch genau überlegen, wo ihr wann hinfahrt/hingeht und wofür. Manchmal ist es ratsam eine weitere Strecke zu fahren, wenn sich der Einkauf lohnt. Für einen Becher Sahne würde ich keine 13 km in Kauf nehmen, bei einer Ersparnis von einem Cent. Ich glaube aber, dass muss ich keinem hier wirklich erklären. Es ist jedoch manchmal wirklich ratsam, sich auch die Angebote der näheren Umgebung genauer anzuschauen. Durch diese Art und Weise haben wir schon sehr oft viel Geld gespart.

Denn zum einen gibt es Märkte, die bieten eine sogenannte *„Best-Preis-Garantie"*, *„Tiefpreis–Garantie"* oder wie auch immer es noch so heißen kann, an. In der Regel reicht es auch vollkommen aus, wenn das Onlineprospekt vorgezeigt wird. Es läuft dann folgendermaßen ab: Ihr geht zur Information des Marktes in dem ihr eigentlich das Produkt kaufen möchtet und zeigt das Onlineprospekt mit dem günstigeren Preis. Bei manchen bekommt ihr dann eine Art „Berechtigungsschein" dafür, dass ihr das Produkt zu dem günstigeren Preis bekommt. Alternativ hatte ich auch das Onlineprospekt direkt an der Kasse vorgezeigt und bekam es dann von der Kassenfee reduziert.

Zum anderen hatten wir so beispielsweise einen ganz anderen Markt für uns entdeckt. Dieser Markt ist in der Tat 20 Minuten von uns zu Hause entfernt. Es gab aber ein unwahrscheinlich gutes Angebot, also sind wir dorthin. In unsrer Region gibt es so ziemlich alles in unmittelbarer Nähe. Aber man muss eben genau überlegen wo, was als erstes kommt und was wo gekauft werden soll. Wenn wir im ersten Markt auf unserer Shopping-tour Eiscreme kaufen möchten und noch mindestens drei Geschäfte vor uns haben, macht es wenig Sinn dort als erstes hinzufahren. Oftmals sind es wirklich die kleinen Dinge, die einem erst später kommen, wenn man sich darüber Gedanken macht. Auf dem Weg zu dem neuen Discounter haben wir dann noch weitere interessante Märkte auf dem Weg entdeckt, als wir es in unsrer Routenplanung eingegeben haben. Wenn wir in einer neuen Region einkaufen (Urlaub zum Beispiel), schaue ich auch immer direkt nach, welche Einkaufsmöglichkeiten es in der näheren Umgebung der Unterkunft gibt. Umwege fahren schadet nicht nur der Umwelt, sondern auch dem eigenen Geldbeutel.

Man könnte auch durchaus fragen, ob Andere (Nachbarn, Familie, Freunde etc.) auch etwas brauchen oder mitkommen möchten. Man tut somit auch gleichzeitig etwas Gutes für seine Kontakte. Meine Geschwister haben beispielsweise kein Auto, ich aber schon. Liegt aber auch daran, dass mein Auto auch ein Hobby von mir ist. Ich ohne Auto wäre so etwas, wie ein Wald ohne Bäume. Gibt es einfach nicht. Aber ich kenne eben die Situation, wenn jemand keinen Führerschein oder kein Auto hat. Wie schon erwähnt, gerade diese Personen sind einem meistens sehr dankbar, wenn man Großeinkäufe für sie erledigt, oder sie eben einmal mitfahren können, um etwas anderes zu sehen.

Wie auch eben schon erwähnt, ist auch die Menge zu planen.

Wenn man also 10 Coupons für Waschmittel hat, welches zudem auch im Angebot ist, muss man sich fragen:

Wie lange reicht mir das Waschmittel aus? Und habe ich Platz, um 10 Flaschen Waschmittel unterzubringen?

Über die Haltbarkeit lässt sich streiten. Meine Schwester ist auch der Ansicht, dass Duschgel irgendwann übergeht. Im Keller hatten wir von dem ehemaligen Friseursalon meiner Mutter Shampoo und Kur von anno 1990 (und teilweise noch älter) gefunden und das hat noch original gerochen, wie vor 25 Jahren. Kein Witz. Aber das muss jeder für sich selbst wissen. Wenn wir jetzt von Fleisch sprechen, wobei wir leider für Fleisch nicht so oft Coupons in Deutschland haben, sieht das ganze wieder anders aus. Nehmen wir an, es gibt einen Coupon für einen Einkauf von 10 kg Hackfleisch. Auch hier sollte man sich die Frage stellen, brauche ich so viel? Will ich frisches Fleisch einfrieren? Habe ich überhaupt ausreichend Platz dafür? Oder kann ich es vielleicht mit jemand anderem teilen?

Jetzt wisst ihr auch, warum ich keine wissenschaftliche Arbeit aus dem Buch gemacht habe: Geld sparen ist eine Wissenschaft für sich selbst. Kleiner Scherz am Rande. Alles was neu ist, bedarf einer Eingewöhnungsphase und irgend-wann ist alles ganz normal.

Macht euch am Besten also erst einmal schlau darüber, welche Geschäfte in eurer Nähe sind.

Schon wieder ein Tipp??? Klar, als nächstes wird noch gesagt, wie man Auto fahren soll. Aber Spaß bei Seite, ich muss meine Mutter auch immer und immer wieder rüffeln beim Einkaufen. Es werden einem ständig Fallen gestellt. Aber nachdem ihr dieses Buch gelesen habt, werdet ihr sie bemerken und euch sicherlich freuen, dass ihr nicht darauf reingefallen seid. Wie auch bereits mit dem roten Preisschild erklärt.

Richtig einzukaufen bedeutet eine Menge Disziplin. Wenn ihr mir aber bis zu diesem Tipp gefolgt seid, dann habt ihr schon mehr als die Halbe Miete. Ihr habt eure Coupons sortiert, die Angebote durchforstet, die Einkaufsliste geschrieben und nun ist endlich der Große Tag gekommen. Man freut sich und geht frohen Mutes einkaufen. Was passiert aber, wenn der Artikel für den man die Coupons hat, nicht mehr vorrätig ist? Tief durchatmen und zur Information gehen. In manchen Geschäften werden „Berechtigungsscheine" oder sogenannte „Preisgarantien" ausgestellt. Manchmal können auch bestimmte Artikel direkt zu dem Angebotspreis bestellt werden. Leider musste ich es auch schon erfahren, dass ich meinen Namen und Telefonnummer hinterlassen habe und wurde nie angerufen, dass das Produkt wieder verfügbar sei. Aber meistens kommen gute Angebote wieder.

Gehen wir davon aus, alles ist da und alles ist toll. Worauf UNBEDINGT zu achten ist: Welche Größe darf ich mit dem Coupon kaufen? Meistens sehen wir eine Packung mit 10 % mehr Inhalt oder XXL Packungen. Nehmen wir das Beispiel Waschmittel:

Waschmittel Angebot (66 WL) :	7,99 €
- Coupon 1 €	1,00 €
Endpreis	6,99 €
Preis pro WL	0,11 €

Es gibt einen 1 € Coupon auf egal welche Größe und egal welches Waschmittel von einem Hersteller. Es ist völlig egal, ob Pulverwaschmittel oder Flüssigwaschmittel. Im Angebot ist die XXL Flasche für 7,99 € (für 66 Waschladungen), das heißt 0,12 € pro Waschladung. Abzüglich dem 1 € Coupon ist der Preis 6,99 € und somit 0,11 € pro Waschladung.

Waschmittel Angebot (18 WL) :	2,99 €
- Coupon 1 €	1,00 €
- 10 % Coupon (1,99 € – 10 %)	0,19 €
Endpreis	**1,80 €**
Preis pro WL	0,10 €

In einem anderen Markt ist das gleiche Waschmittel für 2,99 € im Angebot, für 18 Waschladungen. Das macht 0,16 € pro Waschladung. Abzüglich von einem 1 € Coupon, macht das 1,99 € und dementsprechend 0,11 € pro Waschladung. Ergo das gleiche. Jetzt kommt aber der Clou. Die kleine Packung war in dem Geschäft im Angebot in dem ich noch zusätzlich einen Coupon von 10 % auf das gesamte Sortiment einlösen konnte. Also machte das 1,80 € pro Flasche und dadurch 0,10 € pro Waschladung. Es kommt bei diesem Rechenbeispiel natürlich darauf an, wie viele Coupons man hat und einlösen darf, und wie lange der Coupon vielleicht noch gültig ist. Außerdem bin ich ein großer Freund von wenig Müll. Wenn man bedenkt, dass man für eine kleine Flasche nur einen Cent pro Waschladung mehr spart, könnte die Frage aufkommen, ob auf diesen

Cent nicht verzichtet werden kann und man der Umwelt etwas Gutes tut. Aber das ist ein anderes Thema und tut hier im Moment ausnahmsweise nichts zur Sache. Ich wollte mit diesem Beispiel einfach nur verdeutlichen, dass man auch auf die Größe achten sollte.

Ein anderes Beispiel: Ich Liebe Garnelen! Und die dürfen auch tiefgekühlt sein, wenn ich sie in der Pasta koche. Ja kochen tue ich auch unwahrscheinlich gerne und sicherlich gut, sonst würde mein Freund das alles sicherlich nicht mitmachen. Manchmal gibt es die großen Packungen im Angebot, manchmal nur die kleinen. Ein Blick auf den Kilopreis hilft. Ich hole für die Pasta ganz gerne die mit Kräuterbutter im Beutel. Normalpreis liegt bei ca. 16 € das Kilo. Die große Packung liegt bei 15 € das Kilo. Im Angebot geht die große Packung aber meistens nur runter auf 14 € das Kilo, während die kleine Packung runter geht auf 12 € das Kilo. Leider habe ich auch hierfür noch keine Coupons gehabt. Was bekanntlich noch nicht ist, kann ja noch werden.

Also weiter beim Einkauf. Die meisten haben wahrscheinlich ohnehin ein Smartphone oder Handy beim Einkaufen dabei. Ich habe meine

Einkaufsliste auf dem iPad und somit auch immer einen Taschenrechner dabei. Für diejenigen, die nicht mit 5 kg Handgepäck einkaufen gehen möchten, kann ich ein Schreibbrett mit integriertem Taschenrechner empfehlen. Ihr könnt eure Einkaufsliste ausdrucken und einfach ein extra Blatt mitnehmen, oder ein bisschen mehr Platz für Nebenrechnungen lassen. Je nachdem wie groß oder klein euer Coupon Ordner ist (falls ihr euch für einen entschieden habt), könntet ihr euch das Schreibbrett sparen und einfach einen Ordner-taschenrechner dazukaufen.

Ihr merkt, beim Einkaufen muss man sehr viele Dinge beachten.

Das absolut wichtigste sollte aber ab sofort sein, dass ihr vor allem auch immer Ausschau nach neuen Coupons haltet.

Es ist außerdem sehr wichtig, dass ihr euch immer direkt alle Coupons zurechtlegt. Wenn ihr an der Kasse steht und hektisch in euren Coupons herumwühlt, macht ihr euch das Leben unnötig schwer. Denn in der Ruhe liegt bekanntlich die Kraft. Viele andere Kunden werden dadurch ungeduldig und es kann wirklich unangenehm sein. Ich hatte mich wie schon erwähnt mit dem

Coupon vertan und ich wäre am Liebsten im Erdboden versunken. Deshalb versuche ich direkt beim Einladen in den Einkaufswagen, die Coupons zu den jeweiligen Produkten zu stecken. Ich lasse natürlich meinen Einkaufswagen dann auch nicht mehr aus den Augen, weil Coupons ja wie bares Geld sind – aber das ist wieder ein anderes Thema. So bin ich auf jeden Fall immer gut vorbereitet und erspare mir, der Kassenfee und den anderen Kunden viel Zeit und Ärger.

Bevor ihr aber an die Kasse geht: Fragt immer vorher, wie viele Coupons angenommen werden. Beispielsweise darf man bei manchen Supermärkten nur noch einen Coupon von je einer Sorte benutzen. Also wieder das Waschmittel Beispiel: Ihr wollt 3 Flaschen davon kaufen und habt auch 3 Coupons. Dann könnt ihr diese nicht alle auf einmal einlösen, sondern müsst die Transaktionen in drei Einzelkäufe aufteilen. Ich gehe deshalb meistens an die SB Kassen (Selbstbedienung) und sage vorher Bescheid, einfach nur aus Höflichkeit und nicht, dass die Kassenaufsicht sich wundert. Meistens kommt das besser an, als wenn ich eine halbe Stunde an der Kasse stehe und immer mehr von einem Wagen in meine Einkaufstaschen tue, aber ständig die Taschen herunter nehme. Der Nachteil bei dieser ganzen Splitting Aktion, es dauert etwas länger.

Ein weiterer wichtiger Punkt beim Einkaufen den ihr unbedingt beachten solltet: Kontrolliert den Kassenbon bevor ihr das Geschäft verlasst.

Doppelt gemoppelt hält einfach besser. Gerade im Lebensmittelbereich ist es ziemlich schwierig, wenn ihr das Geschäft erst einmal verlassen habt, etwas im Nachhinein zu korrigieren, umzutauschen oder richtig zu stellen.

Gerade wenn ihr ein Cashback–Angebot nutzen möchtet, ist es essentiell, dass die Beschreibung auf dem Kassenbon stimmt. Erst vor kurzem hatte ich das Problem, dass ein Produkt nicht genau auf dem Kassenbon beschrieben wurde. Es war eine XXL Packung und das XXL stand eben auch dabei. Somit war der Name des Produktes nicht mehr erkennbar. Ich hatte Glück und habe den Kassenbon beim abfotografieren neben das Angebot im Prospekt gelegt und bekam das Cashback–Angebot. Es gibt aber auch Anbieter, die das dann eben nicht mehr akzeptieren. Der ganze Ärger kann euch erspart bleiben, wenn ihr den

Kassenbon vor dem Verlassen des Geschäfts nochmals überprüft.

Und damit wäre es das beim Einkaufen gewesen. Erst einmal.

Unsere Regale und Schränke werden ständig umgeräumt. Es soll ja schließlich immer alles hübsch und ordentlich aussehen. Ich bin da auch etwas fanatisch drin, dass muss ich ehrlich zugeben. Unordnung ist mein größter Feind. In meinem chaotisch organisierten Leben, liebe ich vor allem Ordnung. Und ich finde es toll, wenn ich die Tür zu meinem Vorratsschrank öffne und es ist alles gut sortiert, wie in einem Supermarkt.

Wir haben unseren Wintergarten etwas Zweck-entfremdet. Denn im Winter ist es darin viel zu kalt und im Sommer viel zu heiß. Deshalb stehen dort unsere alten Küchenmöbel, die kurzerhand umfunktioniert wurden um Dosen, Gläser und andere Trockennahrungsmittel zu verstauen. Für diese Artikel haben wir oftmals zwar keine Coupons benutzt, aber unwahrscheinlich gute Schnäppchen wahrgenommen.

Viele kleinere Boxen runden das ganze in meinem Lager ab. Das sieht immer am besten aus. Wenn neue Produkte dazu kommen, kommen sie auch direkt hinter die bereits vorhanden Produkte, wie es auch in einem Geschäft sein sollte. Ich achte sehr auf die Haltbarkeit. Ich glaube zwar nicht, dass Putzmittel oder Handwaschseife ein Verfallsdatum haben, aber ich mache es trotzdem so.

In einer Excel-Tabelle habe ich eine Mappe so angelegt, dass ich genau nachvollziehen kann, wann ich welches Produkt, zu welchem Preis, mit welchem Coupon, gekauft habe, beziehungsweise was das Angebot war und wie viel ich von dem Produkt verbraucht habe.

Beispiel Duschgel: Ich hatte einmal grob geschätzt, wie viel Duschgel ich in einem halben Jahr verbrauchen würde, weil ich meinen Koffer beziehungsweise Rucksack für Australien packte. Dort ist das Duschgel doppelt bis dreifach so teuer. Generell scheinen für Touristen die Ausgaben viel teurer zu sein, als bei uns in Europa. Ich hatte mir deshalb eine Weile aufgeschrieben wie viel, Duschgel ich innerhalb einer bestimmten Zeit verbrauche.

Ebenfalls habe ich in meiner Excel-Tabelle vermerkt wie viel von den eingekauften Produkten bereits verbraucht wurden, um evtl. bei einem super Schnäppchen wieder einen kleinen Vorrat anzulegen.

Die Excel–Tabelle ist so aufgebaut, dass ich direkt sehe, wie viel ich normalerweise gezahlt hätte und wie viel ich dank der Coupons gespart habe. Es ist wirklich unglaublich, was man alles in einem Jahr verbraucht und was man ohne Coupons ausgeben würde. Aber das ist glaube ich jetzt am Ende so ziemlich jedem bewusst geworden. Ich habe in einem Jahr genauso viel ausgegeben, wie ich und meine Familie zum Normalpreis auch verbraucht hätten. Der Bonus on top: In vielen Sachen haben wir einen kleinen Vorrat anlegen können und können auch in Zukunft weiter sparen.

Immer wenn ich ein Produkt aus der Excel–Tabelle als „verbraucht" austrage, werfe ich Geld in Höhe des Normalpreises des Produktes in ein kleines Sparschwein. Einfach für mich zur Veranschaulichung, was ich bereits durch Couponing alles gespart habe.

Im Fernsehen sagen die Couponladies immer, dass sie sich jetzt den Urlaub gönnen können, oder einen Verlobungsring zahlen können (das ist meine Lieblingsfolge; so süß der Antrag in der Sendung), weil sie bei dem Einkauf 500 € gespart haben. Da kommt leider die kleine Ökonomin in mir hoch, die dann sagt, unter anderen Umständen hätte man soviel von einem Produkt gar nicht gekauft. Ergo hat man erst einmal nichts gespart, sondern vielleicht sogar mehr Geld ausgegeben. Ich rechne also nicht damit, dass ich jetzt 500 € gespart habe und deshalb mir einen Urlaub genehmigen kann. Denn die 500 € habe ich ja nicht mehr in der Tasche. Ich habe sie vielleicht auf längere Zeit betrachtet gespart, aber wie gesagt, das Geld hat sich dadurch auf dem Konto nicht vermehrt – leider. Selbstverständlich ist es bei den niedrigen Zinsen momentan ohnehin wenig attraktiv geworden, das Geld auf seinem Konto zu halten und natürlich sind Lebensmittel und Hygieneartikel, die längere Zeit haltbar oder gar ohne Haltbarkeitsfrist sind, im Moment als „Anlage" durchaus sinnvoll. Ganz so tief in mein Studium wollte ich aber in diesem Buch ja nicht gehen, deswegen werdet ihr jetzt weiter verschont, und wir gehen weiter zu dem besten und schönsten Tipp: Habt Spaß dabei!

Meine Geschwister zum Beispiel können damit gar nichts anfangen. Aber das ist auch nicht schlimm, dafür bin ich ja da. Es gibt Menschen, die wollen einfach kein Geld sparen. Kenne ich leider auch aus meinem Freundeskreis. Eine Freundin ist einfach zu bequem um nach Coupons Ausschau zu halten und zahlt lieber den vollen Preis – außer sie geht mit mir einkaufen. Mir macht Couponing unwahrscheinlich viel spaß. Ich freue mich immer, wenn ich ein paar Euro sparen konnte und somit meine Familie unterstützen kann. Man muss es wirklich wollen und auch Spaß daran haben. Wie bei allem im Leben. Es fällt einem leichter, wenn man für eine Sache brennt. Wenn ihr Couponing als zusätzliche Belastung seht, wäre eine Pro & Contra Liste vielleicht ganz ratsam. Oder ihr fragt Freunde oder Bekannte, ob sie mit machen wollen. Ganz nach dem Motto *„geteiltes Leid, ist halbes Leid"*. Schon im Kindesalter war ich ein kleiner Sparfuchs und deshalb war ich auch direkt Feuer und Flamme für das Couponing. Es gibt aber wie gesagt Menschen, die es nicht so sehen. Hier solltet ihr ganz klar eine Entscheidung treffen, ob ihr damit anfangt oder nicht. Ich glaube aber jeder der dieses Buch liest, möchte auch mit dem Couponing anfangen und hatte nur einige Zweifel, die ich hoffentlich aus dem Weg räumen konnte. Selbst wenn ihr weiterhin Fragen haben solltet, könnt ihr mich gerne über meinen Blog oder per Instagram kontaktieren. Aller Anfang ist schwer und auch mir war etwas seltsam zumute und auch mir passieren immer noch Fehler. Deswegen bringt mich aber keiner um oder ist böse auf mich. Am Anfang habe ich auch zum Beispiel nicht mit Treuepunkten etc. gerechnet, weil mir das eine Nummer zu viel war. Tastet euch langsam heran und steigert es, wenn ihr euch wohler fühlt. Es ist noch kein Meister vom Himmel gefallen.

Gerade am Anfang hatte auch ich viele offene Fragen, die mir das Internet teilweise gut und teilweise nicht ganz so befriedigend beantworten konnte. Auf Grund der Recherche für die Bachelorarbeit hatte ich auch mit vielen Unternehmen Kontakt und kann vermutlich besser nachvollziehen, warum manche Dinge so sind, wie sie sind. Und es liegt auch in meinem Interesse, vieles Korrekt darzustellen und nicht willkürlich ein paar Tipps herauszugeben, die vielleicht nicht rechtens sind.

Vor allem aber nehmt euch die Zeit, die ihr braucht. Der Anfang ist vielleicht extrem schwer. Es war auch für mich am Anfang sehr zeitintensiv. Ich habe auch lange gebraucht, bis ich alles so hatte, wie ich es wollte – wie auch bei so ziemlich allem im Leben. Ihr wollt mit dem Couponing sicherlich anfangen, um Geld zu sparen, um für andere Dinge etwas mehr Geld übrig zu haben. Das ist auch vollkommen in Ordnung so. Und auch im Sinne aller, denn die Unternehmen machen schließlich keine Coupon–Aktionen, weil sie eben mal Langeweile hatten. Coupons sind da um benutzt zu werden und wenn man diese noch richtig einsetzt, kann man eine ganze Menge sparen. Und das sollte jetzt für jeden möglich sein, der dieses Buch gelesen hat.

Im nächsten Kapitel habe ich euch noch einmal alles ein wenig zusammengefasst.

DINGE, DIE MAN BEIM COUPONING BENÖTIGT

Es sind nur die wichtigsten Sachen aufgelistet. Natürlich ist eine Schere zum ausschneiden der Coupons sehr hilfreich, aber so sehr ins Detail wollte ich nicht gehen. Zum Geburtstag bekam ich von meinem Bruder einen richtig tollen Papierschneider, wie ihn die Couponladies in den USA im Fernsehen immer haben. Ich finde diesen Schneider super, aber er ist nicht essentiell, sodass ihr euch unbedingt direkt am Anfang einen zulegen solltet. Für manche ist es sicherlich auch eine Frage des Platzes. Ich bastle sowieso mit Leidenschaft gerne, von daher benutze ich das Schneidebrett auch für andere Dinge. Viele Dinge, die ich beim Einkaufen dabei habe oder für die Einkaufsplanung benutze und benötige, wurden in diesem Buch erwähnt. Deshalb hier noch einmal eine kleine Checkliste als Zusammenfassung.

- ☐ E-Mail Account für die Newsletter
- ☐ Newsletter anmelden
- ☐ Tabelle für die Einkaufsliste anlegen
- ☐ Prospekte durchsehen evtl. auch online
- ☐ Zettel, Stift und Klebezettel
- ☐ Welche Geschäfte sind in meiner Nähe
- ☐ Preisliste anlegen
- ☐ Bei jedem Einkauf ein paar Preise aufschreiben und in die Preisliste eintragen
- ☐ Coupons sammeln
- ☐ Coupons sortieren
  - ○ Ordner (+ Hüllen + Sticker)
  - ○ Box (+ Register / Umschläge)
  - ○ Registertasche
  - ○ Umschläge
  - ○ Portemonnaie
- ☐ Den Einkauf planen
- ☐ Geld sparen
- ☐ Und viel Spaß haben

SCHLUSSWORT

Ich hoffe, ihr hattet Spaß beim Lesen und habt etwas mitnehmen können. Ich hoffe sehr, dass ich all denjenigen, die keine Coupons vorher genutzt haben, das Couponing schmackhaft machen konnte. Das ich aber auch Fragen aus dem Weg räumen konnte, die dem einen oder anderen vielleicht auf dem Herzen lagen, sie sich aber nicht trauten zu fragen. Mein letzter Rat: Fangt klein an und tastet euch vorsichtig an die Materie heran. Jeder hat einmal klein angefangen. Auch wenn es am Anfang nach sehr viel Arbeit klingt und es Unmengen an Zeit raubt, es wird mit der Zeit besser. Wenn das Fundament steht, ist der Rest nur noch ein Klacks. Mit dem Fundament meine ich die Preisliste, die Registrierungen und das Sortieren der Coupons, bis es so ist, wie man es am besten nutzen kann und möchte. Die Angebotsblättchen durchzusehen, die passenden Coupons heraus-zusuchen und die Einkaufsliste schreiben, ist irgendwann wie eine Routineaufgabe und nimmt nicht mehr viel Zeit in Anspruch. Ich wie gesagt, gehe neben dem Studium arbeiten, helfe meiner Mutter so gut es geht im Haushalt, gehe regelmäßig ins Fitnessstudio, schreibe einen Blog, teste die unterschiedlichsten Produkte für die unterschiedlichsten Unternehmen, lerne für das Studium und schreibe dieses Buch. So schlimm kann es also mit dem Couponing nicht sein. Im Fernsehen wird immer davon gesprochen, dass es Hausfrauen und Hausmänner machen, die bis zu 40 Stunden die Woche nur mit Couponing beschäftigt sind – ich habe keine Ahnung was sie machen, denn ich brauche nicht so lange und kaufe wie gesagt für drei Familien ein.

Ich wünsche euch allen viel Spaß und viel Erfolg beim Couponing!